CHRISTINA
HILLESHEIM

ENTSPANNT STATT AUSGEBRANNT

DEIN ÜBUNGSBUCH

CHRISTINA
HILLESHEIM

ENTSPANNT STATT AUSGEBRANNT

DEIN ÜBUNGSBUCH

100 kleine Gedanken, Tipps und Übungen für mehr Ruhe, Vertrauen und Leichtigkeit

KOMPLETTMEDIA

Klimaneutral
Druckprodukt
ClimatePartner.com/13336-1905-1001

MIX
Aus verantwortungsvollen Quellen
FSC® C129413

Originalausgabe
1. Auflage 2023
Verlag Komplett-Media GmbH
2023, München
www.komplett-media.de
ISBN: 978-3-8312-0628-5
Auch als E-Book erhältlich

Bildnachweis:
S. 6 & S. 15 Lupe: Shutterstock/Tiwat K; S. 7 & S. 57 Luft-Symbol: Shutterstock/newelle; S. 7 & S. 99 Glühbirne: Shutterstock/Tiwat K; S. 8 & S. 141 Yogamatte: Shutterstock/Natali Brillianata; S. 97: Hanna Witte Photography; S. 223: Christel Gross

Lektorat: Redaktionsbüro Diana Napolitano, Augsburg
Korrektorat: Gertrud van Ess, Hamburg
Umschlaggestaltung: FAVORITBUERO, München
Layout & Illustrationen: Heike Kmiotek, www.heike-kmiotek.de
Satz: Buch-Werkstatt GmbH, Bad Aibling
Druck & Bindung: COULEURS Print & more, Köln
Gedruckt in der EU

Für
Holly

Inhaltsverzeichnis

VISUALISIERUNG

ATMUNG

REFLEXION

KÖRPER

JOURNALING

Einleitung

Hi – wie schön, dass du zu diesem Buch gefunden hast. Ich wünsche mir von Herzen, dass du ganz viele Erkenntnisse und positive Gefühle für dich mitnehmen kannst. Falls du mich noch nicht kennst:

Ich bin Christina und das ist meine Geschichte: Im Jahr 2016 steckte ich in der schlimmsten Krise meines Lebens. Mir wurde eine mittelschwere Depression und eine generalisierte Angststörung diagnostiziert. Dieser Tiefpunkt stellt sich im Nachhinein als die beste Wendung meines Lebens heraus. Denn ich habe davor ein Leben gelebt, das meilenweit von meinen eigenen Bedürfnissen und Wünschen entfernt war. Ein Leben, das mich am Ende unglücklich und krank gemacht hat. Am Tiefpunkt angekommen, drehte ich mein Leben einmal auf links und veränderte Schritt für Schritt alles, womit ich mich nicht mehr wohlgefühlt habe. Ich fing an, innerlich mehr zur Ruhe zu kommen, mich mit mir selbst zu verbinden, die Stille statt den Trubel zu suchen und mich intensiv mit meinen negativen Gedanken und Glaubenssätzen auseinanderzusetzen.

Ich bekomme immer wieder die Frage, was ich denn so ganz konkret im Alltag getan habe, um etwas zu verändern. In diesem Buch findest du nun all meine Übungen zusammengefasst, die mir damals geholfen haben, wieder mehr Gelassenheit in meinen Alltag zu bringen. Es warten also 100 tolle Übungen, Gedanken und Impulse auf dich, mit denen du in kleinen Schritten etwas verändern kannst.

Wenn du mehr zu meiner Geschichte wissen möchtest: In meinem ersten Buch, dem Spiegel-Bestseller »Entspannt statt ausgebrannt – 25 Lektionen, um gelassener durchs Leben zu gehen«, erzähle ich dir, wie mein Weg der Heilung aussah. Besuch mich jederzeit auch gern auf meinem Instagramkanal @happydings und tausche dich mit mir und Gleichgesinnten aus.

Ich wünsche dir von Herzen viel Freude mit diesem Übungsbuch!

Wie du dieses Buch nutzen kannst

Ich habe dir auf der nächsten Seite Platz gelassen, um deine **TOP-20-Übungen** aus dem Buch aufzuschreiben. So hast du sie immer griffbereit und kannst sie direkt wiederfinden. Jede Übung ist folgendermaßen aufgebaut:

Was ist das Ziel der Übung?
Wie funktioniert die Übung?
Warum hat mir die Übung damals geholfen?
Hat dir die Übung gutgetan? Wie bewertest du sie?
Deine Notizen

Bei manchen Übungen findest du einen QR-Code, hinter dem du dir ein persönliches Video von mir ansehen kannst. Hier zeige ich dir die Übungen etwas detaillierter und du kannst gleich mit mir zusammen loslegen.

Was mich außerdem ganz besonders freut, ist, dass du in diesem Buch fünf wundervolle Menschen aus meiner Community kennenlernst, die ihre Lieblingsübungen beigesteuert haben. Von Herzen danke ich euch, Christine, Isabellé, Anita, Geeta und Vera, dass ihr ein Teil dieses Buches seid und mich auf meinem Weg begleitet. Veränderung passiert vor allem durch das Wiederholen neuer Gewohnheiten. Genau aus diesem Grund möchte ich dich dazu inspirieren, die Übungen, die dir guttun, regelmäßig in deinen Alltag zu integrieren. Am Ende jeder Übung findest du deshalb eine kleine Sterne-Bewertung, um zu sehen, wie hilfreich sie für dich war. Denn – und das ist ganz wichtig – jeder Mensch ist individuell und jedem tut etwas anderes gut. Hier noch ein Tipp: Probier die Übungen öfter aus und such dir für deinen Alltag genau die aus, die deiner Seele guttun. Es ist ganz egal, ob du eine Übung zehnmal am Tag machst, eine andere nur fünfmal oder einmal im Monat. Hör auf dein Bauchgefühl und nutze die Übungen so, wie sie dich glücklich machen.

Deine Christina

DEINE Top-20-Übungen

TOP 1:

....

TOP 2:

....

TOP 3:

....

TOP 4:

....

TOP 5:

....

TOP 6:

....

TOP 7:

....

TOP 8:

....

TOP 9:

....

TOP 10:

....

TOP 11:

....

TOP 12:

....

TOP 13:

....

TOP 14:

....

TOP 15:

....

TOP 16:

....

TOP 17:

....

TOP 18:

....

TOP 19:

....

TOP 20:

....

VISUALISIERUNG

ÜBUNG 1

Über den Wolken

Was ist das Ziel der Übung?

Negative Gedanken loszulassen und nicht zu sehr an ihnen anzuhaften, zu mehr Gelassenheit finden, Frieden mit den eigenen Gedanken und Sorgen zu schließen.

Wie funktioniert die Übung?

Für diese Übung machen wir eine kleine Gedankenreise. Ziehe dich für zehn Minuten an einen ruhigen Ort zurück, schließe deine Augen und stell dir vor, wie du auf einer Wiese im weichen, grünen Gras liegst und in den Himmel blickst. Der Himmel ist blau mit einigen weißen Wolken.

Stell dir nun vor, wie du deine Ängste und Sorgen auf eine dieser Wolken packst. Und jetzt beobachte einmal, wie sich diese Wolke zusammen mit deinen Ängsten und Sorgen weiterbewegt, vielleicht ganz langsam oder auch schneller. Ganz in dem Tempo, das für dich angenehm ist.

Nimm deine Sorgen und Ängste wahr, aber nimm auch wahr, wie sie sich immer weiter von dir entfernen und weiterziehen.

Warum hat mir die Übung damals geholfen?

Ich habe mich damals regelmäßig komplett in meine Gedanken verstrickt und konnte nicht mehr damit aufhören, sie in einer Endlosschleife innerlich immer wieder abzuspulen. Ich habe mich wortwörtlich mit meinen eigenen Gedanken in den Wahnsinn getrieben, weil ich sie einfach nicht loslassen konnte. Diese Übung hat mir dabei geholfen, etwas besser loszulassen. Das Bild mit den Wolken hat mir sehr viel Frieden und Ruhe zurückgegeben und ich mag es auch heute immer noch sehr.

Hat dir die Übung gutgetan? Wie bewertest du sie?

Dein Rating von 1 bis 5 für die Übung (bitte ausmalen):

☆☆☆☆☆

Falls du 4 oder 5 Sterne vergeben hast, notiere dir die Übung gern zu Beginn des Buches in die **TOP-20-Übungen,** damit du später immer wieder auf sie zugreifen kannst.

Deine Notizen

....

....

....

....

....

....

ÜBUNG 2

Bus-Übung

Was ist das Ziel der Übung?

Die Übung hilft dabei herauszufinden, ob man gerade wirklich das Leben führt, das man leben will. Ob man wirklich seinen wahren Wünschen und Bedürfnissen folgt. Ob man selbstbestimmt oder doch eher fremdbestimmt durchs Leben geht.

Wie funktioniert die Übung?

Stell dir vor, dein Leben wäre ein Bus.

Wer sitzt am Steuer des Busses? Bist du es selbst? Oder sitzt dort jemand anderes und du bist nur der Beifahrer?

Wohin fährt der Bus? Kennst du das Ziel? Magst du das Ziel? Oder würdest du viel lieber woanders hinfahren?

Wie ist es auf dieser Reise? Wie fühlt sie sich an?

Hast du es bequem? Oder ist dir der Bus zu groß oder zu klein?

Läuft der Bus überhaupt noch rund? Ist der Motor noch intakt? Wie sieht es mit der Geschwindigkeit aus?

Fährt dir der Bus vielleicht zu langsam oder zu schnell?

Warum hat mir die Übung damals geholfen?

Als ich vor ein paar Jahren das erste Mal auf eine ähnliche Übung gestoßen bin, hatte ich einige Aha-Momente. Ich finde es besonders schön, dass man durch das Bild mit dem Bus ein bisschen Abstand zum eigenen Leben gewinnt und somit besser reflektieren kann, was denn gerade stimmig ist und was nicht. Ich bin durch diese Fragen und das Bild mit dem Bus damals für mein eigenes Leben auf wirklich tolle Erkenntnisse gekommen.

Hat dir die Übung gutgetan? Wie bewertest du sie?

Dein Rating von 1 bis 5 für die Übung (bitte ausmalen):

☆☆☆☆☆

Falls du 4 oder 5 Sterne vergeben hast, notiere dir die Übung gern zu Beginn des Buches in die **TOP-20-Übungen,** damit du später immer wieder auf sie zugreifen kannst.

Deine Notizen

....

....

....

....

....

....

ÜBUNG 3

Sorgen abwaschen

Was ist das Ziel der Übung?

Dieses einfache Ritual kann dir helfen, Sorgen, Wut, Enttäuschung oder andere Gedanken, die dich belasten, loszulassen und den Kopf freizubekommen.

Wie funktioniert die Übung?

Für diese Übung brauchst du nur einen Wasserhahn oder ein fließendes Gewässer, beispielsweise einen Bach.

Nimm dir kurz Zeit, um an das zu denken, was dich gerade belastet. Fühle kurz das Gefühl, das dahintersteckt. Also zum Beispiel die Wut, die Angst, den Stress oder was auch immer es ist.

Halt danach deine Hand in den Wasserstrahl und stell dir vor, wie das, was dich belastet, einfach von dir herunterfließt. Weg in den Abfluss oder einfach den Bach hinunter. Wenn du möchtest, kannst du das Ritual auch noch verstärken, indem du so etwas sagst wie: »Tschüss, Wut! Ich lasse jetzt los und ärgere mich nicht mehr weiter darüber.«

Spür abschließend noch mal ganz tief in dich hinein und frag dich, was du jetzt brauchst und wie du dir etwas Gutes tun kannst.

Warum hat mir die Übung damals geholfen?

Loslassen ist mit das Schwerste für uns Menschen und für viele eine große Herausforderung. Auch ich war immer wahnsinnig schlecht im Loslassen. Da dieses »Loslassen« ja relativ abstrakt ist, mag ich diese Übung so sehr. Denn sie löst in uns das Gefühl aus, das es zum Loslassen braucht. Und genau da wollen wir ja hin: Dinge nicht nur gedanklich, sondern auch vom Gefühl her loszulassen.

Hat dir die Übung gutgetan? Wie bewertest du sie?

Dein Rating von 1 bis 5 für die Übung (bitte ausmalen):

☆☆☆☆☆

Falls du 4 oder 5 Sterne vergeben hast, notiere dir die Übung gern zu Beginn des Buches in die **TOP-20-Übungen,** damit du später immer wieder auf sie zugreifen kannst.

Deine Notizen

ÜBUNG 4

Den Akku laden, bevor es zu spät ist

Was ist das Ziel der Übung?

Verstehen, wie wichtig es ist, dass du bewusst auf deine Energie achtest. Dir selbst erlauben, Pausen zu machen und zur Ruhe zu kommen.

Wie funktioniert die Übung?

Wenn du das nächste Mal denkst, dass du keine Zeit für eine Pause hast, oder dir selbst nicht erlaubst, trotz einer vollen To-do-Liste einfach mal NICHTS zu tun, dann ist die folgende Gedankenreise genau das Richtige für dich:

Stell dir vor, du läufst durch einen langen, dunklen Tunnel. Deine Taschenlampe zeigt dir den Weg und so kannst du gut vorankommen. Alles kein Problem. Mit der Zeit merkst du, dass der Akku deiner Taschenlampe sich langsam entleert. Das Licht wird immer schwächer und es wird schwieriger, dem Weg zu folgen.

Nun hast du zwei Möglichkeiten: Du kannst weiter vorangehen und versuchen, dein Ziel mit schlechten Lichtverhältnissen zu erreichen. Der Weg wird beschwerlich und du wirst langsamer – bis dein Licht schließlich vollständig erlischt und du gar nichts mehr sehen kannst.

Oder aber du nimmst dir die Zeit, um für frisch geladene Batterien zu sorgen. Sodass du nach einer kurzen Pause wieder vollkommen entspannt, sicher und zügig dem Weg zu deinem Ziel folgen kannst.

Was denkst du, würde mehr Sinn (und Spaß) machen?

Warum hat mir die Übung damals geholfen?

Diese sehr eindringliche Metapher habe ich in dem Buch »Panikattacken und andere Angststörungen loswerden« von Klaus Bernhardt entdeckt. Sie hat mir gezeigt, wie wichtig es ist, gut auf mich selbst zu achten und in mich hineinzuspüren, ob ich noch genug Energie habe oder mich lieber ausruhen sollte. Denn heute weiß ich: Wir sollten dann eine Pause machen, wenn wir das erste Mal daran denken. Also im Idealfall, BEVOR wir komplett kaputt und erschöpft sind.

Hat dir die Übung gutgetan? Wie bewertest du sie?

Dein Rating von 1 bis 5 für die Übung (bitte ausmalen):

☆☆☆☆☆

Falls du 4 oder 5 Sterne vergeben hast, notiere dir die Übung gern zu Beginn des Buches in die **TOP-20-Übungen,** damit du später immer wieder auf sie zugreifen kannst.

Deine Notizen

....

....

....

....

....

....

ÜBUNG 5

Dein inneres Lächeln

Was ist das Ziel der Übung?

Diese Übung hilft dir, positive Energie zu tanken und dich in eine gute Stimmung zu versetzen.

Wie funktioniert die Übung?

Wenn du dich gestresst fühlst oder einfach nicht gut drauf bist, dann nimm dir mal kurz Zeit für diese kleine Reise zu deinem inneren Lächeln.

Mach es dir bequem und schließe die Augen. Und nun denk an einen perfekten Moment in deinem Leben. An einen Moment, der einfach nur wunderschön war. In dem du vollkommen glücklich warst, dich gut und richtig gefühlt hast. Erinnere dich mit allen Sinnen an diesen einen Moment: Wie hat es damals ausgesehen? Wie hat es gerochen und welche Geräusche waren da? Wie hast du dich gefühlt?

Stell dir vor, wie du nun innerlich ein ganz breites Grinsen aufsetzt, das immer größer und strahlender wird. Spür hinein in dich, wie sich diese Zufriedenheit und das große Glück, das du damals verspürt hast, in deinem ganzen Körper ausbreitet.

Warum hat mir die Übung damals geholfen?

Mir ist während meines Burnouts meine Lebensfreude so ziemlich komplett abhanden gekommen. Das hat mich damals wahnsinnig erschreckt, denn ich habe das Leben immer sehr geliebt. Diese Übung hat mir dabei geholfen, den Blick wieder auf das Schöne und Positive im Leben zu richten und mich zu erinnern. Denn denk daran: Jede Krise ist nur eine Phase. Es gab wunderbare Momente vor der Krise und auch danach wartet noch so viel Schönes auf dich.

Hat dir die Übung gutgetan? Wie bewertest du sie?

Dein Rating von 1 bis 5 für die Übung (bitte ausmalen):

☆☆☆☆☆

Falls du 4 oder 5 Sterne vergeben hast, notiere dir die Übung gern zu Beginn des Buches in die **TOP-20-Übungen,** damit du später immer wieder auf sie zugreifen kannst.

Deine Notizen

....

....

....

....

....

....

ÜBUNG 6

Rauszoomen

Was ist das Ziel der Übung?

Einen gesunden Abstand zu den eigenen Problemen und Sorgen bekommen, sodass sie nicht mehr so riesengroß und unüberwindbar erscheinen.

Wie funktioniert die Übung?

Bei dieser Visualisierungs-Übung versuchst du, mit einem immer größer werdenden Abstand auf dich und deine aktuelle Situation zu schauen. Schließe dazu deine Augen und fühle erst einmal in dich hinein: Wie geht es dir? Was stresst dich? Wie sieht deine aktuelle Situation aus?

Stell dir nun vor, über dir schwebt eine Kamera, die dich filmt. Zu Beginn schwebt sie vielleicht direkt über deinem Haus: Was würde sie sehen? Wenn du durch diese Kamera schaust: Wie groß und unüberwindbar erscheint dir deine Situation?

Reise nun mit der Kamera immer höher und betrachte dich und dein Problem mit einem immer größer werdenden Abstand: Erst aus der Höhe eines Vogels, dann eines Hubschraubers, dann eines Flugzeugs, dann eines Satelliten. Irgendwann ist die Kamera so weit weg, dass auch die Erde nur noch ein kleiner Ball im Universum ist.

Und jetzt fühle noch einmal in dich hinein, aus dieser Entfernung: Wie fühlt sich dein Problem jetzt an? Wie unüberwindbar scheint es aus dieser Perspektive?

Warum hat mir die Übung damals geholfen?

Ich konnte mich früher sehr schlecht von meinen Sorgen distanzieren. Ich und die Sorgen waren quasi eins. Wenn ich jedoch diese kleine Fantasiereise beendet hatte, waren meine Sorgen zwar nicht weg, aber sie waren nicht mehr ganz so bedrohlich und unüberwindbar. Der Abstand, den ich durch das sogenannte Rauszoomen gewonnen habe, hat mir unglaublich gutgetan und mir gezeigt: Ich habe Sorgen und Ängste, aber ICH BIN NICHT diese Ängste. Das ist ein großer Unterschied.

Hat dir die Übung gutgetan? Wie bewertest du sie?

Dein Rating von 1 bis 5 für die Übung (bitte ausmalen):

☆☆☆☆☆

Falls du 4 oder 5 Sterne vergeben hast, notiere dir die Übung gern zu Beginn des Buches in die **TOP-20-Übungen,** damit du später immer wieder auf sie zugreifen kannst.

Deine Notizen

....

....

....

....

....

....

ÜBUNG 7

Anker-Übung

Was ist das Ziel der Übung?

Einen Reiz mit einer positiven Reaktion verknüpfen (»ankern«), sodass du beispielsweise in stressigen Situationen gezielt das Gefühl der Entspannung erzeugen kannst.

Wie funktioniert die Übung?

Schließ die Augen und denk intensiv an etwas, das dich so richtig entspannt und zum Lächeln bringt. Zum Beispiel ein schönes Lied, eine Meditation oder Urlaub am Meer. Mach jetzt dieses Gefühl in dir ganz groß. Bade so richtig darin und spüre, wie dir dabei ganz warm ums Herz wird. Lass die Entspannung in dir immer größer werden. Dann verdopple das Gefühl der Entspannung und spür es noch mal richtig stark in jeder Zelle. Und schließlich verzehnfachst du die Entspannung, sodass sie einen so großen Raum in dir einnimmt, dass du glaubst, du könntest platzen.

Wenn du diese starke Entspannung jetzt in dir spürst, dann stecke den Daumen deiner rechten Hand in deine linke Faust. Auf diese Weise hast du eine körperliche Geste (Daumen in der Faust) mit einem Gefühl (Entspannung) verknüpft.

Hier findest du eine Audioanleitung

Warum hat mir die Übung damals geholfen?

Ich war früher ein echter Profi darin, negative Gefühle zu ankern. Ich konnte mich darin so richtig suhlen und baden. Dass das jedoch genauso gut auch mit positiven Gefühlen geht, kam mir gar nicht in den Sinn. Auch positive Gefühle hervorzuholen – quasi auf Knopfdruck – ist möglich. Natürlich braucht es ein wenig Übung und Geduld, um sich selbst sozusagen »umzuprogrammieren«. Vor allem, wenn man es, so wie ich, gewohnt war, immer nur negative Gefühle heraufzubeschwören.

Hat dir die Übung gutgetan? Wie bewertest du sie?

Dein Rating von 1 bis 5 für die Übung (bitte ausmalen):

☆☆☆☆☆

Falls du 4 oder 5 Sterne vergeben hast, notiere dir die Übung gern zu Beginn des Buches in die **TOP-20-Übungen,** damit du später immer wieder auf sie zugreifen kannst.

Deine Notizen

ÜBUNG 8

Reise zu deinem Kraftort

Was ist das Ziel der Übung?

Tiefe Beruhigung finden und dich entspannen – besonders hilfreich in Situationen, in denen man nervös und innerlich unruhig ist.

Wie funktioniert die Übung?

Nimm dir zehn Minuten Zeit und begib dich an einen Ort, an dem du ungestört bist. Setze oder lege dich hin und schließe die Augen. Nimm ein paar tiefe Atemzüge und lass bewusst alle körperliche Anspannung los.

Visualisiere nun deinen Kraftort. Dazu reist du gedanklich an einen Ort, an dem du besonders gut abschalten kannst vom Alltagsstress. Du selbst bestimmst, wo dieser Ort ist. Ob in deinem Garten, am Strand, in den Bergen oder auf deinem Sofa – das ist dir überlassen. Hauptsache, du fühlst dich uneingeschränkt wohl.

Nutze für deine Vorstellung all deine Sinne: Wie riecht es an deinem Kraftort? Was hörst du? Wie sieht es dort aus und was spürst du? Gehe in deiner Vorstellung so tief ins Detail, wie es dir möglich ist. Je mehr du dich auf die Einzelheiten konzentrierst, desto tiefer kannst du in die Entspannung eintauchen und dem Alltag entfliehen.

Warum hat mir die Übung damals geholfen?

Ich bin, wie in der letzten Übung bereits erwähnt, mittlerweile ein großer Fan davon geworden, mir die positiven Dinge genauso bunt und schön auszumalen wie früher die negativen. Mit dieser kurzen Reise zu meinem Kraftort konnte ich mich oft gezielt beruhigen und entspannen und es tut mir immer wieder unglaublich gut, diesen Ort zu besuchen. Ich hoffe, du findest mit dieser Übung auch ein bisschen mehr Ruhe, Kraft und ein Zuhause in dir selbst.

Hat dir die Übung gutgetan? Wie bewertest du sie?

Dein Rating von 1 bis 5 für die Übung (bitte ausmalen):

☆☆☆☆☆

Falls du 4 oder 5 Sterne vergeben hast, notiere dir die Übung gern zu Beginn des Buches in die **TOP-20-Übungen,** damit du später immer wieder auf sie zugreifen kannst.

Deine Notizen

....

....

....

....

....

....

ÜBUNG 9

Die Kraft schöner Erinnerungen

Was ist das Ziel der Übung?

Diese Übung hilft dir, dich selbst in eine gute Stimmung zu versetzen und Energie, Mut, Hoffnung und Freude zu tanken.

Wie funktioniert die Übung?

Erinnere dich an Situationen zurück, in denen du glücklich warst und dich so richtig gut gefühlt hast. Das können größere Ereignisse sein – wie die Geburt deines Kindes – aber auch kleine Momente, die dir einfach Freude bereitet haben, wie zum Beispiel das Treffen mit deiner besten Freundin letzten Donnerstag.

Schreibe nun diese schönen Erinnerungen jeweils auf kleine Zettelchen, und sammle sie in einem Schraubglas oder einem anderen Behältnis.

Jedes Mal, wenn du nicht so gut drauf bist, oder dir einfach ein bisschen positive Energie wünschst, kannst du dir nun ein Zettelchen aus deinem Erinnerungsglas ziehen. Träum dich ein bisschen zurück und lass dich noch einmal von dem schönen, warmen Gefühl durchströmen, das diese Erinnerung in dir auslöst.

Übrigens kannst du dir auch eine Sammlung anlegen mit Erinnerungen, die dir Kraft geben und dich ermutigen. Dafür sammelst du deine Erfolge und Momente, in denen du Mut bewiesen hast oder über deinen Schatten gesprungen bist.

Warum hat mir die Übung damals geholfen?

Ich habe mir damals so ein Glas gemacht und es hat mir ganz viel gegeben. Immer wenn ich etwas Ermutigung gebraucht habe, habe ich einen Zettel gezogen und wurde an all die schönen Dinge erinnert, die ich bereits erlebt habe und an all die kleinen und großen Erfolge, die ich bereits feiern durfte. Auch heute werfe ich noch gern einen Blick in mein Glas und es zaubert mir jedes Mal ein Lächeln ins Gesicht.

Hat dir die Übung gutgetan? Wie bewertest du sie?

Dein Rating von 1 bis 5 für die Übung (bitte ausmalen):

☆☆☆☆☆

Falls du 4 oder 5 Sterne vergeben hast, notiere dir die Übung gern zu Beginn des Buches in die **TOP-20-Übungen,** damit du später immer wieder auf sie zugreifen kannst.

Deine Notizen

ÜBUNG 10

Wurzel-Übung

Was ist das Ziel der Übung?

Mit dieser schönen Visualisierungs-Übung kannst du dich entspannen und Ruhe, Kraft und Energie für den Alltag tanken.

Wie funktioniert die Übung?

Nimm dir eine kurze Auszeit und achte darauf, dass du nicht gestört wirst. Setz dich nun auf einen Stuhl und stell deine Fußsohlen fest auf den Boden. Atme tief ein und aus und komme so langsam zur Ruhe.

Nun stell dir vor, wie Wurzeln aus deinen Fußsohlen tief in die Erde wachsen. Wie du wie ein Baum verwachsen bist, tief in der Erde, und dich nichts so schnell umfallen lässt.

Deine Zweige wiegen sich im Wind. Und alles, was dich belastet – Sorgen, Ängste, Zweifel, Kritik – lässt du einfach durch deine kräftige Baumkrone strömen.

Du wiegst dich im Wind. Deine Blätter rauschen. Und doch bleibst du gelassen und entspannt. Denn du bist stark. Fest verankert.

Du streckst deine Äste der Sonne entgegen. Konzentrierst dich auf das, was dir Energie schenkt, was dich weiter wachsen lässt. Und mit jedem Atemzug strömt mehr Energie und Kraft in dich.

Warum hat mir die Übung damals geholfen?

Während meines Burnouts wurde mir einmal von einem Arzt empfohlen, einen Baum zu umarmen. Ich fand das zunächst total befremdlich, bis ich es einmal gemacht habe und die Stärke und Ruhe des Baumes wirklich fühlen konnte. Deshalb liebe ich diese Übung so: Sie gibt uns etwas von der Ruhe eines Baumes ab.

Hat dir die Übung gutgetan? Wie bewertest du sie?

Dein Rating von 1 bis 5 für die Übung (bitte ausmalen):

☆☆☆☆☆

Falls du 4 oder 5 Sterne vergeben hast, notiere dir die Übung gern zu Beginn des Buches in die **TOP-20-Übungen,** damit du später immer wieder auf sie zugreifen kannst.

Deine Notizen

....

....

....

....

....

....

ÜBUNG 11

Lass die Gedanken fliegen

Was ist das Ziel der Übung?

Glaubenssätze und Gedanken, die uns stressen oder belasten, loszulassen.

Wie funktioniert die Übung?

Ganz oft sind es gar nicht die vielen To-dos, die uns stressen, sondern die Gedanken, die wir dazu haben. Ein Beispiel: Der Kindergeburtstag könnte schnell vorbereitet sein. Wenn da nicht der Gedanke wäre, dass eine gute Mutter alles selbst backen und basteln muss.

Oder: Der Fehler bei der Präsentation war schnell behoben. Aber der Gedanke »Jetzt denken alle, dass ich unfähig bin«, hängt dir einen Tag später immer noch nach und macht dich unglücklich.

In solchen Fällen kann es helfen, dich ganz gezielt mit einem Loslass-Ritual von deinen Gedanken zu verabschieden. Frag dich dazu: Tut mir dieser Gedanke gut? Bringt er mich irgendwie weiter? Gibt es einen guten Grund, daran festzuhalten?

Und wenn das nicht der Fall ist, dann hänge deinen Gedanken an einen imaginären Luftballon und lass ihn fliegen. Schau ihm nach, wink vielleicht hinterher und verabschiede dich davon. Denn was uns nicht guttut und was uns nicht weiterbringt, das müssen wir auch nicht festhalten.

Warum hat mir die Übung damals geholfen?

Diese Art kennen wir schon von Übung 3 (»Sorgen abwaschen«). Das Prinzip ist hier dasselbe: Es geht um das Loslassen. Was ja oft gar nicht so einfach ist. Zumindest in der Praxis. Ich persönlich kann mich gar nicht entscheiden, ob ich das Bild mit dem Wasser oder dem Luftballon lieber mag. Ich habe damals beide Übungen regelmäßig gemacht. Probier sie einfach mal für dich aus und entscheide dann, welche dir besser gefällt.

Hat dir die Übung gutgetan? Wie bewertest du sie?

Dein Rating von 1 bis 5 für die Übung (bitte ausmalen):

☆☆☆☆☆

Falls du 4 oder 5 Sterne vergeben hast, notiere dir die Übung gern zu Beginn des Buches in die **TOP-20-Übungen,** damit du später immer wieder auf sie zugreifen kannst.

Deine Notizen

ÜBUNG 12

Visualisiere das Ziel

Was ist das Ziel der Übung?

Dir bewusst zu machen, was Positives auf dich wartet, wenn du das Ziel erreicht hast. Den Fokus von deinen Befürchtungen und Angstgedanken weglenken.

Wie funktioniert die Übung?

Kennst du das auch, dass du dich in Gedanken ganz oft verrückt machst? Dass dir automatisch zig Befürchtungen in den Kopf kommen und du dich im Vorfeld vor schwierigen Situationen gedanklich stark stresst?

Um deinen pessimistischen Gedanken und Befürchtungen die Kraft zu nehmen, hilft es, wenn du dich fest auf das Ziel fokussierst und darauf, wie es dir geht, wenn du dein Ziel erreicht hast:

Sorge dazu für Ruhe und mach es dir bequem. Schließe die Augen und dann male dir aus, wie du dein Ziel erreicht hast. Stell es dir so detailliert vor, als wärst du bereits dort angekommen: Wo bist du dann? Was siehst du? Was hörst du? Wer ist bei dir? Und vor allem: Wie wirst du dich fühlen, wenn du dieses Ziel erreicht oder die Situation gemeistert hast?

Auf diese Weise kannst du deine Nerven ein wenig beruhigen und neue Kraft tanken, um das, was dich stresst, hinter dich zu bringen.

Warum hat mir die Übung damals geholfen?

Diese Übung hilft mir auch heute noch, wenn ich mich mal wieder in »Was-wäre-wenn-Horrorszenarien« verliere. Ich verschiebe dann meinen Fokus weg vom Worst Case hin zum Best Case: Was ist denn mein Ziel, und was wünsche ich mir? Denn es macht viel mehr Sinn (und Spaß!), sich mit den positiven Dingen zu beschäftigen und sich darauf zu konzentrieren, was man haben möchte, und eben nicht darauf, was man NICHT haben möchte.

Hat dir die Übung gutgetan? Wie bewertest du sie?

Dein Rating von 1 bis 5 für die Übung (bitte ausmalen):

☆☆☆☆☆

Falls du 4 oder 5 Sterne vergeben hast, notiere dir die Übung gern zu Beginn des Buches in die **TOP-20-Übungen,** damit du später immer wieder auf sie zugreifen kannst.

Deine Notizen

....

....

....

....

....

....

ÜBUNG 13

Ich in 20 Jahren

Was ist das Ziel der Übung?

Diese Übung kann dir helfen, Stress loszulassen, Prioritäten zu setzen und deine Probleme und Sorgen in ein angemessenes Verhältnis zu setzen.

Wie funktioniert die Übung?

Nimm dir eine kleine Auszeit und schließe die Augen.

Nun reise 20 Jahre in die Zukunft, besuch dein zukünftiges Ich und erzähle ihm, wie dein aktuelles Leben aussieht und was dich beschäftigt.

Was wird dein 20 Jahre älteres und deutlich weiseres Ich dir sagen? Wie wird es auf dein jetziges Leben schauen? Welchen guten Rat wird es dir geben? Was wird dein zukünftiges Ich dir sagen, was wirklich wichtig ist? Und was wird es sich von dir wünschen?

Lass dich gern mal auf diese Fantasiereise ein, denn was ich an dieser Übung so spannend finde: Wir werden meist sehr gute Antworten erhalten und viele neue Erkenntnisse. Und dafür brauchen wir nicht etwa andere Menschen, die uns gute Ratschläge und Tipps geben. Sondern, wir selbst wissen – wenn wir uns trauen, uns zuzuhören – meist am besten, was gut für uns ist.

Warum hat mir die Übung damals geholfen?

Eine wichtige Sache, die ich während meines Burnouts gelernt habe: Wir wissen häufig sehr genau, was gut für uns ist. Wir haben erstaunlich oft die Lösung bereits in uns und sind sehr weise. Wir trauen uns nur nicht, Entscheidungen mit allen Konsequenzen zu fällen und die Schritte zu gehen, die nötig wären, um etwas zu verändern. Diese Übung hat mir sehr geholfen, mehr auf meine innere Weisheit zu vertrauen.

Hat dir die Übung gutgetan? Wie bewertest du sie?

Dein Rating von 1 bis 5 für die Übung (bitte ausmalen):

☆☆☆☆☆

Falls du 4 oder 5 Sterne vergeben hast, notiere dir die Übung gern zu Beginn des Buches in die **TOP-20-Übungen,** damit du später immer wieder auf sie zugreifen kannst.

Deine Notizen

....

....

....

....

....

....

ÜBUNG 14

Setz die rosarote Brille auf

Was ist das Ziel der Übung?

Diese Übung hilft dir, den Fokus auf das Positive zu setzen und dich weniger von den Dingen, die dich stören, herunterziehen zu lassen. Das erspart dir nicht nur viele Nerven, sondern macht dich auch zufriedener mit dem, was ist.

Wie funktioniert die Übung?

»Die rosarote Brille aufhaben.« Diesen Ausspruch kennst du sicherlich, wenn es darum geht, dass jemand total verliebt ist und immer nur das Positive an allem sieht. Vielleicht kennst du es ebenfalls von deinem letzten Mal, als du so richtig doll verliebt warst:

Mit dieser Brille ist die Welt plötzlich ganz friedlich und schön. Wir sind viel nachsichtiger mit uns und anderen, verzeihen Fehler oder Unzulänglichkeiten schneller und richten den Fokus viel stärker auf das, was gut ist. In dieser Übung geht es darum, dass du dir gedanklich diese rosarote Brille der Liebe aufsetzt und einmal damit durchs Leben gehst.

Was siehst du durch die rosarote Brille, wenn du deinen Partner betrachtest? Welche liebenswerten Eigenschaften kannst du mit der rosaroten Brille an dir selbst erkennen? Was ist das Gute an deinem Job, an der langen Wartezeit vor dem Bankschalter, das Gute am verregneten Urlaub?

Und welche negativen Dinge fallen gar nicht mehr so stark ins Gewicht, wenn du mit der Brille der Liebe draufschaust?

Warum hat mir die Übung damals geholfen?

Auf diese Übung, in einer abgewandelten Form, bin ich damals bei dem Online-Portal »Zeit zu leben« gestoßen. Da ich es gewohnt war, quasi mit der »Schwarzseher-Brille« auf Dinge zu sehen, hat mir die Übung sehr dabei geholfen, einmal einen Perspektivwechsel vorzunehmen. Denn weißt du was? Die Dinge sind in der Realität meistens wirklich viel positiver, als wir sie uns vorstellen.

Hat dir die Übung gutgetan? Wie bewertest du sie?

Dein Rating von 1 bis 5 für die Übung (bitte ausmalen):

☆☆☆☆☆

Falls du 4 oder 5 Sterne vergeben hast, notiere dir die Übung gern zu Beginn des Buches in die **TOP-20-Übungen,** damit du später immer wieder auf sie zugreifen kannst.

Deine Notizen

....

....

....

....

....

....

ÜBUNG 15

Deine beste Freundin

Was ist das Ziel der Übung?

Diese Übung bewirkt, dass du liebevoller mit dir selbst umgehst und dich genauso gut umsorgst, wie du es bei deiner besten Freundin machen würdest.

Wie funktioniert die Übung?

Versetz dich immer mal wieder in die Position deiner besten Freundin und frag dich: »Was würde meine beste Freundin jetzt tun oder sagen, um mich zu entstressen oder um mir eine Freude zu bereiten?«

Vielleicht würde sie dir sagen, dass du gut bist, so, wie du bist, oder dass du auch mal fünfe gerade sein lassen kannst. Vielleicht würde sie dich trösten. Vielleicht würde sie dich anfeuern. Oder aber sie würde dir einen Blumenstrauß schenken.

All das kannst du auch selbst für dich tun. Du selbst kannst und darfst dir die Liebe und Selbstfürsorge schenken, die du verdienst! Wenn du dich also wieder einmal dabei erwischst, dass du dich scharf kritisierst und dich herunterputzt, wechsle ganz bewusst in die Position deiner besten Freundin. So wirst du automatisch eine liebevollere Haltung dir selbst gegenüber einnehmen.

Warum hat mir die Übung damals geholfen?

Als mir 2016 auffiel, wie hart ich mit mir selbst war und wie sehr ich mich selbst kritisiert und heruntergemacht habe, bin ich wirklich erschrocken. Ich habe mir dann vorgestellt, wie ich denn mit meiner besten Freundin sprechen würde und was ich ihr raten würde, wenn es ihr schlecht geht. Das hat mir sehr dabei geholfen, nicht mehr so selbstkritisch und perfektionistisch zu sein.

Hat dir die Übung gutgetan? Wie bewertest du sie?

Dein Rating von 1 bis 5 für die Übung (bitte ausmalen):

☆☆☆☆☆

Falls du 4 oder 5 Sterne vergeben hast, notiere dir die Übung gern zu Beginn des Buches in die **TOP-20-Übungen,** damit du später immer wieder auf sie zugreifen kannst.

Deine Notizen

....

....

....

....

....

....

ÜBUNG 16

Sorgenpaket

Was ist das Ziel der Übung?

Innerlich zur Ruhe kommen und von Sorgen, Ängsten und anderen belastenden Gedanken Abstand bekommen.

Wie funktioniert die Übung?

Stell dir bildlich vor, wie du alles, was dich belastet, alle deine Ängste und negativen Gedanken in ein Paket legst und es danach gut verschließt.

Dann packst du es in deiner Vorstellung an einen Ort, der auch räumlich von dir getrennt ist – zum Beispiel eignet sich hier der Keller oder Dachboden gut. Schau einfach, was sich für dich gut und richtig anfühlt.

Die Übung kann dabei helfen, Abstand und Ruhe vor belastenden Problemen zu bekommen. Bei Bedarf kann das Paket später wieder aus dem Keller geholt und angeschaut werden. Ganz wichtig ist es aber, dass du es von Zeit zu Zeit wieder weglegst, um abzuschalten.

Warum hat mir die Übung damals geholfen?

Meine Gedanken und Sorgen haben sich früher in einer Endlosschleife in meinem Kopf gedreht. Es hat sich so angefühlt, als wäre ich ständig unter Strom, gefangen im Hamsterrad, unfähig, den Ausgang zu finden. Genau dabei hilft die Übung: die Stopp-Taste zu drücken, indem wir Ängste und Sorgen bildlich in ein Paket packen und sie damit von uns trennen.

Hat dir die Übung gutgetan? Wie bewertest du sie?

Dein Rating von 1 bis 5 für die Übung (bitte ausmalen):

☆☆☆☆☆

Falls du 4 oder 5 Sterne vergeben hast, notiere dir die Übung gern zu Beginn des Buches in die **TOP-20-Übungen,** damit du später immer wieder auf sie zugreifen kannst.

Deine Notizen

ÜBUNG 17

Theater, Theater

Was ist das Ziel der Übung?

Diese Übung hilft besonders gut, wenn du dir im Umgang mit anderen Menschen mehr Gelassenheit und innere Ruhe wünschst.

Wie funktioniert die Übung?

Das Familientreffen zu Weihnachten, das Meeting mit der Projektgruppe, der Elternabend, die nörgelnde Nachbarin. Bestimmt kennst du auch ein paar Situationen, in denen es manchmal hoch hergeht und man selbst irgendwie die Ruhe bewahren möchte oder muss.

Wenn du dich in solch einer nervenaufreibenden Situation wiederfindest, dann versuch doch einfach mal, dir vorzustellen, wie das, was um dich herum passiert, gerade auf einer Bühne stattfindet.

Geh dazu gedanklich aus der Situation heraus, und nimm etwas Abstand. Dann stell dir bildlich vor, in welcher Art Film oder Theater du dich gerade befinden könntest. Ist es eine Komödie oder ein Drama? In Gedanken kannst du den Menschen um dich herum andere Stimmen geben, du kannst sie tanzen lassen oder dir Lacher aus dem Publikum vorstellen. Ein einfacher Trick, der ganz viel Gelassenheit bringt – und Spaß macht.

Warum hat mir die Übung damals geholfen?

Mit dieser Übung habe ich die ganze Dramatik aus bestimmten Situationen und Ereignissen genommen. Wenn man sich beispielsweise die Kritik der Eltern oder des Partners mit einer witzigen Stimme vorstellt, wirkt alles plötzlich gar nicht mehr so schlimm. Und es ist doch so, dass wir alles meist viel persönlicher und kritischer nehmen, als es eigentlich gemeint ist. Nur in den seltensten Fällen will jemand uns mit seinen Äußerungen und seinem Verhalten wirklich verletzten.

Hat dir die Übung gutgetan? Wie bewertest du sie?

Dein Rating von 1 bis 5 für die Übung (bitte ausmalen):

☆☆☆☆☆

Falls du 4 oder 5 Sterne vergeben hast, notiere dir die Übung gern zu Beginn des Buches in die **TOP-20-Übungen,** damit du später immer wieder auf sie zugreifen kannst.

Deine Notizen

ÜBUNG 18

Dein innerer Freund

Was ist das Ziel der Übung?

Eine innere Stimme zu entwickeln, die dich stärkt, dir Kraft und Mut zuspricht. Ein Gegengewicht zum inneren Kritiker zu schaffen.

Wie funktioniert die Übung?

Du kennst doch bestimmt diesen schrecklichen inneren Kritiker, der dir immer wieder zuflüstert, was du alles falsch machst und dass du noch mehr geben, noch besser und schneller sein musst. Dein innerer Kritiker ist einfach nie zufrieden mit dir.
Bei dieser Übung geht es darum, dass du eine Gegenstimme zum inneren Kritiker entwickelst: deinen inneren Freund.

Überlege dir dazu möglichst bildlich, wie dein innerer Freund aussieht, und gib ihm gern auch einen schönen Namen. Dann bringst du die Stimme deines inneren Freundes zum Sprechen: Welche positiven Botschaften soll dir dein innerer Freund zuflüstern? Was gibt dir Kraft? Was tröstet dich?

Denk dabei vielleicht an Sätze, die eine gute Freundin zu dir sagt, um dich zu stärken. Zum Beispiel: »Du darfst es dir gut gehen lassen« oder »Es muss nicht perfekt sein. Es ist genug, wenn du dein Bestes gegeben hast«.

Immer wenn dein innerer Kritiker loslegen will, dann erinnere dich an deinen liebevollen inneren Freund: Was kann er dir jetzt sagen, um dich zu stärken und zu ermutigen?

Warum hat mir die Übung damals geholfen?

Ich war immer unglaublich hart zu mir selbst und stets mein größter Kritiker und nicht mein bester Freund. Mit dieser Übung habe ich damals angefangen, alles mal zu hinterfragen und anders zu machen. Natürlich klappen Veränderungen nicht von heute auf morgen. Aber mir ist es mit dieser kleinen Übung gelungen, etwas positiver mit mir selbst zu sprechen, und das war bereits ein toller Anfang.

Hat dir die Übung gutgetan? Wie bewertest du sie?

Dein Rating von 1 bis 5 für die Übung (bitte ausmalen):

☆☆☆☆☆

Falls du 4 oder 5 Sterne vergeben hast, notiere dir die Übung gern zu Beginn des Buches in die **TOP-20-Übungen,** damit du später immer wieder auf sie zugreifen kannst.

Deine Notizen

ÜBUNG 19

Mutmachende Zettelchen

Was ist das Ziel der Übung?

Positive, stärkende und ermutigende Worte zu bekommen, wenn man sie braucht.

Wie funktioniert die Übung?

Wenn uns alles zu viel wird, dann brauchen wir manchmal einfach nur jemanden, der uns gut zuspricht. Der uns sagt, dass wir uns mal eine Pause gönnen dürfen, dass alles gut wird. Oder dass wir uns nicht so verrückt machen sollen.

Diese Übung hilft dir immer dann, wenn du es brauchst, auf solche wohltuenden Sätze zurückzugreifen.

Überlege dir dazu einfach 10–15 kurze Sätze, die du gern hören möchtest und die sich für dich gut anfühlen, und schreibe sie jeweils auf kleine Zettelchen. Verteile die Zettelchen nun in deinem Haus/deiner Wohnung, stecke sie in den Geldbeutel, hänge sie an die Pinnwand oder an den Badezimmerspiegel.

Lustige Variante: Wenn du möchtest, dann könntest du dich auch fragen: »Was würden Mama/Opa Heinz/meine beste Freundin/Pipi Langstrumpf/Buddha/usw. sagen, wenn mir alles zu viel wird?« Schreibe die jeweiligen Antworten auf, falte die Zettelchen und schreibe von außen darauf, wessen Botschaft du hier notiert hast. Dann kannst du in nervenaufreibenden Situationen ganz gezielt auf die Botschaft einer bestimmten Person zurückgreifen.

Warum hat mir die Übung damals geholfen?

Diese Übung finde ich immer noch so toll, weil uns die kleinen Zettelchen an den verschiedensten Orten zum Lächeln bringen und uns positive Gedanken und neue Motivation schenken. Du musst nämlich nicht warten, bis dir ein anderer diese Worte sagt, du kannst sie dir auch selbst sagen. Und das Schöne, wenn man sie in der Wohnung verteilt: Man wird den ganzen Tag über immer wieder daran erinnert.

Hat dir die Übung gutgetan? Wie bewertest du sie?

Dein Rating von 1 bis 5 für die Übung (bitte ausmalen):

☆☆☆☆☆

Falls du 4 oder 5 Sterne vergeben hast, notiere dir die Übung gern zu Beginn des Buches in die **TOP-20-Übungen,** damit du später immer wieder auf sie zugreifen kannst.

Deine Notizen

....

....

....

....

....

....

ÜBUNG 20

Community-Übung: Gedankenkarussell stoppen

von Isabellé B.

Was ist das Ziel der Übung?

Wenn sich deine Gedanken unentwegt im Kreis drehen und du dir teilweise die schönsten Vorstellungen durch deine Gedanken kaputtdenkst, kannst du mit dieser Übung aus deinem Gedankenkarussell aussteigen.

Wie funktioniert die Übung?

Versuche, dir deine Gedanken bewusst als ein Karussell auf dem Jahrmarkt vorzustellen. Vielleicht hat dein Karussell Autos oder ganz nostalgisch sogar Pferde, welche sich auf- und abbewegen. Welche Farben hat das Karussell? Welche Musik spielt im Hintergrund? Welche Gerüche kannst du wahrnehmen?

Konzentriere dich anschließend darauf, in welche Richtung sich dein Karussell dreht und wie schnell. Sobald du hiervon ein ganz genaues Bild vor Augen hast, versuch bewusst, das Karussell in die andere Richtung drehen zu lassen und die Geschwindigkeit herauszunehmen. Das kostet oftmals am Anfang enorm viel gedankliche Kraft.

Sollte dies bei dir noch nicht gleich funktionieren, dann versuche, deine Gedanken als kleine Wichtel zu visualisieren, welche auf dem Karussell ihren Spaß haben. Sobald du dich nun darauf konzentrierst, das Karussell zu stoppen oder andersherum fahren zu lassen, verlieren sie die Freude, werden in deinem Kopf leise und verlassen beleidigt das Karussell.

Warum hat mir die Übung damals geholfen?

Ich habe mir während meiner Angststörung die schönsten bevorstehenden Ereignisse durch meine Gedanken zerdacht. Dann bin ich auf diese Übung gestoßen und habe sie sehr oft vor mir damals noch angstmachenden Situationen angewandt. Wenn ich nun die Wichtel vor Augen habe, habe ich auch automatisch ein Lachen auf dem Gesicht. Denn beleidigte Wichtel sind doch einfach nur komisch :)

Hat dir die Übung gutgetan? Wie bewertest du sie?

Dein Rating von 1 bis 5 für die Übung (bitte ausmalen):

☆☆☆☆☆

Falls du 4 oder 5 Sterne vergeben hast, notiere dir die Übung gern zu Beginn des Buches in die **TOP-20-Übungen,** damit du später immer wieder auf sie zugreifen kannst.

Deine Notizen

ATMUNG

ÜBUNG 1

5-Finger-Übung

Was ist das Ziel der Übung?

Entspannung und Gelassenheit durch tiefes und gleichmäßiges Atmen finden. Durch die Konzentration auf die Finger wird es leichter, das negative Gedankenkarussell abzustellen.

Wie funktioniert die Übung?

Fahre mit dem Zeigefinger der einen Hand die Finger deiner anderen Hand ab und atme dabei beim Hinauffahren der Finger ein und beim Hinabfahren der Finger aus.

Du beginnst also an der Fingerkante deines Daumens und fährst hoch bis zur Fingerkuppe – dabei atmest du ein. Dann fährst du beim Ausatmen auf der anderen Seite wieder herunter, bis in die Beuge zwischen Daumen und Zeigefinger. Anschließend fährst du beim Einatmen den Zeigefinger hoch, bis zur Fingerkuppe, und beim Ausatmen auf der anderen Seite wieder herunter. Und so weiter.

Stell dir gern einen Wecker auf 3 Minuten und wiederhole diese Übung so lange, bis der Countdown abgelaufen ist. Welche Hand du für das Fingerabfahren benutzt, bleibt ganz dir überlassen.

Hier findest du eine Videoanleitung

Warum hat mir die Übung damals geholfen?

Während meines Burnouts fiel es mir wahnsinnig schwer, mich zu konzentrieren. Eine einfache Meditation hat bei mir damals nicht funktioniert, da ich mich einfach nicht auf die Atmung konzentrieren konnte. Ständig sind meine Gedanken abgeschweift. Und dann habe ich mich auch noch dafür verurteilt, dass ich noch nicht mal das »auf die Reihe bekomme«. Mir hat diese Übung sehr dabei geholfen, aus dem Gedankenkarussell auszusteigen und meine Gedanken ins Hier und Jetzt zu bringen.

Hat dir die Übung gutgetan? Wie bewertest du sie?

Dein Rating von 1 bis 5 für die Übung (bitte ausmalen):

☆☆☆☆☆

Falls du 4 oder 5 Sterne vergeben hast, notiere dir die Übung gern zu Beginn des Buches in die **TOP-20-Übungen,** damit du später immer wieder auf sie zugreifen kannst.

Deine Notizen

ÜBUNG 2

Voo-Übung

Was ist das Ziel der Übung?

Die Übung hilft dabei, Negatives und Belastendes loszulassen, Druck abzubauen und sich zu entspannen.

Wie funktioniert die Übung?

Die VOO-Übung stammt von dem bekannten Trauma-Psychologen Peter Levine.

Durch den sogenannten VOO-Laut wird der Vagusnerv stimuliert. Der Vagusnerv ist eine regulierende Schaltstelle zwischen dem Gehirn und den Organen. Er hat einen beruhigenden und ausgleichenden Einfluss auf verschiedene Körperfunktionen und beeinflusst somit auch unser Befinden. Als zehnter Gehirnnerv verläuft er vom Hirnstamm im Kopf über Hals und Brust bis zum Bauchraum. Der VOO-Laut kann deshalb sehr entspannend sein.

Setz dich aufrecht und bequem hin, zieh deine Schultern nach hinten unten, lege gern deine Hände auf den Bauch und komme zur Ruhe. Atme nun zuerst tief in den Bauch ein und mach anschließend beim Ausatmen das Geräusch »VOO«, und zwar so lange, bis du keine Luft mehr in deiner Lunge hast. Spüre, wie der VOO-Laut in deinem Körper und Bauch vibriert.

Wenn du möchtest, wiederhole das Ganze dreimal und stell dir auch gern einen Timer, oder mach die Übung so lange du möchtest.

Warum hat mir die Übung damals geholfen?

Ich habe während meiner Angst- und Panikattacken wahnsinnig schnell und viel eingeatmet und viel zu wenig ausgeatmet. Ich glaube, das kennt jeder, der schon einmal mit Angst zu tun hatte. Wir haben dann oft das Gefühl, dass wir zu wenig Luft bekommen und atmen immer weiter ein. Dabei würde uns hier gerade ruhiges und vor allem auch langes Ausatmen guttun. Ich fand den VOO-Laut sehr, sehr angenehm und er hat mich zusätzlich entspannen lassen.

Hat dir die Übung gutgetan? Wie bewertest du sie?

Dein Rating von 1 bis 5 für die Übung (bitte ausmalen):

☆☆☆☆☆

Falls du 4 oder 5 Sterne vergeben hast, notiere dir die Übung gern zu Beginn des Buches in die **TOP-20-Übungen,** damit du später immer wieder auf sie zugreifen kannst.

Deine Notizen

ÜBUNG 3

Tiefe Bauchatmung

Was ist das Ziel der Übung?

Mehr Sauerstoff in die Lungen aufzunehmen, denn das wirkt entspannend und beruhigend.

Wie funktioniert die Übung?

Wenn wir vollkommen entspannt sind, wie beispielsweise im Schlaf, dann atmen wir automatisch in der tiefen Bauchatmung. Sind wir hingegen gestresst oder innerlich unruhig, dann wird unser Atem flacher und wir atmen mehr aus der Brust.

Diese Wechselwirkung können wir uns auch andersherum zunutze machen: Wenn du innerlich unruhig bist, dann versuche, bewusst in die Bauchatmung zu kommen. Denn das wirkt sich entspannend und beruhigend auf deinen Körper und Geist aus.

Setz dich dazu aufrecht hin und lege vielleicht auch eine Hand auf deinen Bauch, um besser in die Bauchatmung zu finden. Nun atme tief durch die Nase ein – und zwar so, dass sich dein Bauch nach außen wölbt. Fülle deine Lunge komplett mit Sauerstoff und atme dann ganz langsam wieder durch die Nase aus. Dabei zieht sich deine Bauchdecke nach innen zurück.

Versuche, 3 Minuten in dieser Form weiterzuatmen und du wirst schnell merken, wie du innerlich ruhiger wirst.

Warum hat mir die Übung damals geholfen?

Das Erste, was ich auch heute noch mache, wenn ich merke, dass ich gestresst werde, ist, tief in den Bauch zu atmen. So kommt Angst erst gar nicht auf. Ich werde dadurch sofort gelassener und kann mich wieder auf das Hier und Jetzt besinnen. »Tief durchatmen« klingt oft so banal, macht aber einfach so einen großen Unterschied, wenn man es regelmäßig in seinen Tagesablauf einbaut.

Hat dir die Übung gutgetan? Wie bewertest du sie?

Dein Rating von 1 bis 5 für die Übung (bitte ausmalen):

☆☆☆☆☆

Falls du 4 oder 5 Sterne vergeben hast, notiere dir die Übung gern zu Beginn des Buches in die **TOP-20-Übungen,** damit du später immer wieder auf sie zugreifen kannst.

Deine Notizen

ÜBUNG 4

7-mal tiefer

Was ist das Ziel der Übung?

Tiefe Entspannung und innere Ruhe zu finden.

Wie funktioniert die Übung?

Mach es dir bequem und sorge dafür, dass du nicht gestört werden kannst. Komm nach und nach zur Ruhe, indem du deine Atmung gleichmäßig und immer langsamer werden lässt.

Nun stell dir mit jedem Ein- und Ausatmen vor, wie du immer tiefer in die Entspannung kommst. Erst, wie du dich 1-mal tiefer entspannst. Dann entspannst du dich 2-mal tiefer. Dann geht deine Entspannung 3-mal tiefer, 4-mal tiefer, 5-mal tiefer, 6-mal tiefer und 7-mal tiefer. Wenn du möchtest, kannst du das Ganze auch noch weiter – zum Beispiel bis 10 – fortführen.

Ich lege mich dazu gern ins Bett und stelle mir dabei vor, wie ich mit jedem Atemzug schwerer werde und ein Stückchen tiefer in die Matratze sinke.

Das Zählen hilft mir zusätzlich, Grübeleien abzuschalten und stattdessen gedanklich ins Hier und Jetzt zu kommen.

Warum hat mir die Übung damals geholfen?

Runter- oder raufzählen ist eine großartige Möglichkeit, in eine Art Trance zu kommen und dadurch ruhiger und gelassener zu werden. Vor allem, wenn man die Übung häufiger wiederholt. Mir hat es damals sehr geholfen, mich immer tiefer zu entspannen. Probier es doch einfach mal aus, ob dir diese Übung mit dem Zählen auch zusagt. Gerade das konkrete Vorstellen der Zahlen hat für mich wirklich einen Unterschied gemacht und mir unglaublich gutgetan.

Hat dir die Übung gutgetan? Wie bewertest du sie?

Dein Rating von 1 bis 5 für die Übung (bitte ausmalen):

☆ ☆ ☆ ☆ ☆

Falls du 4 oder 5 Sterne vergeben hast, notiere dir die Übung gern zu Beginn des Buches in die **TOP-20-Übungen,** damit du später immer wieder auf sie zugreifen kannst.

Deine Notizen

ÜBUNG 5

4-7-8-Übung

Was ist das Ziel der Übung?

Diese Übung hilft dir, deine Atmung tiefer und langsamer werden zu lassen. Das wirkt sich beruhigend auf Körper und Geist aus und hilft deshalb auch besonders gut in Stresssituationen, bei Ängsten oder innerer Unruhe.

Wie funktioniert die Übung?

Setz dich aufrecht hin und atme erst ein paar Mal ganz normal ein und aus, um zur Ruhe zu kommen.

Dann beginnst du mit der eigentlichen Übung: Atme durch die Nase ein und zähle in Gedanken bis 4. Dabei solltest du idealerweise in den Bauch atmen, also so, dass sich dein Bauch hebt (und nicht deine Brust oder deine Schultern).

Wenn du bis 4 eingeatmet hast, dann hältst du jetzt die Luft in deiner Lunge, bis du innerlich bis 7 gezählt hast.

Schließlich atmest du durch den Mund langsam wieder aus. Das sollte so langsam sein, dass du in Gedanken bis 8 gezählt hast.

Warum hat mir die Übung damals geholfen?

Vielleicht kennst du diese Übung bereits, denn sie ist ein echter Klassiker. Wenn es dir so geht wie mir und du das Luftanhalten manchmal etwas unangenehm findest, dann lass es gern weg und atme einfach doppelt so lange aus wie ein. Für mich funktioniert das mit den 4 Sekunden ein und 8 Sekunden aus ganz prima, natürlich kannst du aber auch 3 und 6, oder 5 und 10 Sekunden für dich wählen.

Hat dir die Übung gutgetan? Wie bewertest du sie?

Dein Rating von 1 bis 5 für die Übung (bitte ausmalen):

☆☆☆☆☆

Falls du 4 oder 5 Sterne vergeben hast, notiere dir die Übung gern zu Beginn des Buches in die **TOP-20-Übungen,** damit du später immer wieder auf sie zugreifen kannst.

Deine Notizen

....

....

....

....

....

....

ÜBUNG 6

Espresso-Übung

Was ist das Ziel der Übung?

Diese Atemtechnik wirkt belebend und bringt dir einen Energiekick.

Wie funktioniert die Übung?

Stell dich aufrecht hin, die Füße stehen dabei etwa hüftbreit auseinander. Nun schließe den Mund, hebe deine Hände an die Schultern und balle deine Hände zu Fäusten.

Atme nun tief, aber auch schnell durch die Nase ein und strecke dabei deine Arme mit geöffneten Händen komplett über deinen Kopf. Atme direkt wieder kräftig durch die Nase aus und ziehe dabei die Arme zurück in die Ausgangsposition (Schulterhöhe, Hände zu Fäusten geballt).

Wiederhole diesen schnellen Atem- und Bewegungsablauf 15–20-mal, atme dann für 20 Sekunden ganz normal weiter. Anschließend kannst du diese Abfolge (20x Espresso-Atmung, dann 20 Sekunden normale Atmung) noch 2 weitere Male wiederholen.

Warum hat mir die Übung damals geholfen?

Diese Übung wirkt wahre Wunder, wenn du einen schnellen Energiekick brauchst. Das Tolle dabei ist, dass du dir deine Hände zur Hilfe holst und durch das schnelle Hinabziehen noch mehr Energie freigeschaltet wird. Ich habe die Übung häufig an Tagen gemacht, an denen ich mich müde und schlapp gefühlt habe. Sie hat mir super geholfen, um schnell wach zu werden und wieder positiver und mit mehr Lebensenergie in den Tag zu starten.

Hat dir die Übung gutgetan? Wie bewertest du sie?

Dein Rating von 1 bis 5 für die Übung (bitte ausmalen):

☆☆☆☆☆

Falls du 4 oder 5 Sterne vergeben hast, notiere dir die Übung gern zu Beginn des Buches in die **TOP-20-Übungen,** damit du später immer wieder auf sie zugreifen kannst.

Deine Notizen

....

....

....

....

....

....

ÜBUNG 7

In die Hände atmen

Was ist das Ziel der Übung?

Diese Atemübung hilft dir, dich bei Angstzuständen oder Panik zu beruhigen und körperliche Symptome zu lindern.

Wie funktioniert die Übung?

In die Hände oder in eine Tüte zu atmen, kann immer dann hilfreich sein, wenn wir in eine extrem schnelle Atmung geraten, also hyperventilieren. Wenn du so schnell atmest, kann es nach einiger Zeit passieren, dass du zu viel CO2 ausatmest und der pH-Wert in deinem Blut absinkt. Die Folge ist, dass du körperliche Symptome bekommst, wie beispielsweise ein Kribbeln in den Händen, einen schnelleren Puls oder Schwindel. Solche körperlichen Symptome sind natürlich total beängstigend und beunruhigen uns noch mehr.

Wenn du also zum Beispiel bei Angst anfängst zu hyperventilieren, dann wirkt es direkt beruhigend, wenn du in eine Tüte oder in deine Handflächen atmest. Das zu viel ausgeatmete CO2 wird dann auch wieder mit eingeatmet und du kannst so dafür sorgen, dass der pH-Wert stabil bleibt und die Symptome schneller wieder verschwinden.

Warum hat mir die Übung damals geholfen?

Ich habe diese Übung oft als kleinen »Notfallplan« verwendet, wenn mir sonst nichts geholfen hat. Sie ist sofort griffbereit und du kannst direkt anfangen, du brauchst außer deinen Fingern keine weiteren Hilfsmittel. Und das Tolle ist wirklich, dass ich mich binnen Sekunden direkt ruhiger gefühlt habe. Vielleicht hast du es ja bereits einmal im Fernsehen gesehen, dass Leute bei Panik oft eine Tüte gereicht bekommen und dann dort hineinatmen. Das Prinzip mit den Händen ist dasselbe.

Hat dir die Übung gutgetan? Wie bewertest du sie?

Dein Rating von 1 bis 5 für die Übung (bitte ausmalen):

☆☆☆☆☆

Falls du 4 oder 5 Sterne vergeben hast, notiere dir die Übung gern zu Beginn des Buches in die **TOP-20-Übungen,** damit du später immer wieder auf sie zugreifen kannst.

Deine Notizen

....

....

....

....

....

....

ÜBUNG 8

Positives Einatmen

Was ist das Ziel der Übung?

Mit dieser Atemübung kannst du dich selbst beruhigen oder dir stärkende Eigenschaften zusprechen.

Wie funktioniert die Übung?

Diese Übung kannst du als Erweiterung zu jeder anderen Atemübung einsetzen.

Es geht hier darum, dass du dir vorstellst, wie du etwas, das du dir wünschst, einatmest – und etwas ausatmest, das du loslassen möchtest.

Ein Beispiel: Sage dir beim Einatmen gedanklich »Ich atme frische Energie ein« und stell dir vor, wie die frische Energie in deinen Körper strömt.

Beim Ausatmen sage innerlich »Ich atme all den Stress aus« und stell dir vor, wie der Stress nach und nach aus deinem Körper verschwindet.

Weitere Ideen:
- Selbstvertrauen einatmen, Angst ausatmen
- Frieden einatmen, Ärger ausatmen
- Freude einatmen, Traurigkeit ausatmen

Warum hat mir die Übung damals geholfen?

Ich habe mir damals oft vorgestellt, wie ich Ruhe einatme und Angst wieder ausatme, das hat mir sehr geholfen. Was zusätzlich noch etwas bringen kann, ist, sich eine Farbe vorzustellen. Zum Beispiel, wie man goldenes Licht oder die Farbe Gelb oder Orange einatmet und dunkle Farben wie Schwarz oder Braun wieder aus. Stelle dir dabei gerne vor, wie sich diese Farbe in deinem ganzen Körper ausbreitet, in jede Zelle eindringt und dir ein warmes und wohliges Gefühl gibt.

Hat dir die Übung gutgetan? Wie bewertest du sie?

Dein Rating von 1 bis 5 für die Übung (bitte ausmalen):

☆☆☆☆☆

Falls du 4 oder 5 Sterne vergeben hast, notiere dir die Übung gern zu Beginn des Buches in die **TOP-20-Übungen,** damit du später immer wieder auf sie zugreifen kannst.

Deine Notizen

ÜBUNG 9

Wechselatmung

Was ist das Ziel der Übung?

Diese Atemübung aus dem Yoga wirkt beruhigend auf den Körper und fördert die Konzentration.

Wie funktioniert die Übung?

Nimm deine rechte Hand und lege den Daumen auf dein rechtes Nasenloch und den Ringfinger auf dein linkes Nasenloch. In der richtigen Yogaübung sind Zeige- und Mittelfinger nach unten geklappt, also Richtung Handballen. Ich persönlich mag es aber auch gern, diese beiden Finger locker auf meiner Stirn abzulegen.

Deine linke Hand kannst du auf deinem Oberschenkel ablegen.

Nun verschließe mit deinem Daumen das rechte Nasenloch und atme durch das linke Nasenloch komplett aus. Dann atme durch das linke Nasenloch wieder tief ein, verschließe es mit dem Ringfinger und halt den Atem kurz.

Nun öffne das rechte Nasenloch und atme dadurch langsam und vollständig aus, bevor du durch dasselbe Nasenloch wieder tief einatmest. Dann verschließt du das Nasenloch wieder mit dem Daumen, hältst kurz den Atem und atmest langsam durch das nun geöffnete linke Nasenloch wieder aus.

Diese Abfolge kannst du so lange wiederholen, wie es sich gut für dich anfühlt. Idealerweise sollten es mindestens 5 Runden sein.

Warum hat mir die Übung damals geholfen?

Diese Übung habe ich damals in einer Yoga-Stunde gelernt und fand sie sehr, sehr hilfreich. Auch wenn du bisher mit Yoga noch gar nichts zu tun hattest, probier sie doch einmal aus, denn sie kann wirklich gut helfen. Die Atmung soll die Lungenkapazität steigern und ausgleichend wirken und mir hat sie wirklich sehr gutgetan.

Hat dir die Übung gutgetan? Wie bewertest du sie?

Dein Rating von 1 bis 5 für die Übung (bitte ausmalen):

☆☆☆☆☆

Falls du 4 oder 5 Sterne vergeben hast, notiere dir die Übung gern zu Beginn des Buches in die **TOP-20-Übungen,** damit du später immer wieder auf sie zugreifen kannst.

Deine Notizen

....

....

....

....

....

....

ÜBUNG 10

Affirmationen atmen

Was ist das Ziel der Übung?

Dich selbst zu beruhigen und dir Botschaften zuzusprechen, die du verinnerlichen möchtest.

Wie funktioniert die Übung?

Affirmationen sind positive Botschaften, die du dir selbst sagst, um dein Denken und Handeln zu beeinflussen. Beispielsweise: »Ich bin gut, so, wie ich bin.« Oder: »Ich vertraue darauf, dass alles gut wird.« Oder: »Ich darf gut für mich sorgen.« Du kannst Affirmationen auch wunderbar mit einer Atemübung kombinieren.

Atme durch die Nase ein, zähle dabei innerlich bis 4. Dann atme ganz langsam wieder aus – idealerweise doppelt so lange, wie du eingeatmet hast (also bis 8 zählen). Beim Ausatmen spreche ich leise oder auch in Gedanken meine Affirmation: »Ich habe Vertrauen, alles wird gut!«

Wichtig ist, dass du einen Satz findest, der ausdrückt, was du dir wünschst, und der sich für dich gut anfühlt. Idealerweise sagst du dir diesen Satz dann täglich, gern auch mehrfach, auf. Man sagt, dass es mindestens 60 Tage braucht, bis eine Affirmation wirklich fest im eigenen Denken verankert ist.

Warum hat mir die Übung damals geholfen?

Mir haben folgende Affirmationen besonders geholfen:

- Ich bin sicher und beschützt.
- Ich vertraue dem Fluss meines Lebens.
- Alles ist gut.
- Ich darf loslassen und die Kontrolle abgeben.
- Alles in meinem Leben passiert genau zur richtigen Zeit.

Hat dir die Übung gutgetan? Wie bewertest du sie?

Dein Rating von 1 bis 5 für die Übung (bitte ausmalen):

☆☆☆☆☆

Falls du 4 oder 5 Sterne vergeben hast, notiere dir die Übung gern zu Beginn des Buches in die **TOP-20-Übungen,** damit du später immer wieder auf sie zugreifen kannst.

Deine Notizen

ÜBUNG 11

Quadrat-Atmung

Was ist das Ziel der Übung?

Diese einfache Atemtechnik hilft dir, dich in stressigen oder nervenaufreibenden Situationen zu beruhigen.

Wie funktioniert die Übung?

Bei der Quadrat-Atmung – auch bekannt als Box-Atmung – geht es darum, dass du einen langsamen und gleichmäßigen Atemrhythmus findest und damit deinen Körper und Geist zur Ruhe bringst. Außerdem kannst du dich gedanklich ablenken, weil du bei dieser Atemtechnik die Atemzyklen mitzählst.

Und so gehts:

- Atme zuerst durch die Nase ein und zähle dabei innerlich bis 4.
- Nun hältst du deinen Atem an – ebenfalls für 4 Sekunden.
- Atme anschließend wieder durch die Nase aus und zähle in Gedanken bis 4.
- Und zuletzt hältst du deinen Atem für 4 Sekunden an, bevor du wieder einatmest.

Für mich passt es super mit den 4 Sekunden. Du kannst das Intervall aber auch erst kürzer machen (zum Beispiel nur 3-3-3-3), oder aber du verlängerst es. Wichtig ist bei dieser Atemtechnik nur, dass die Intervalle immer gleich lang sind.

Warum hat mir die Übung damals geholfen?

Das Mitzählen während des Atmens in den verschiedensten Abwandlungen war für mich sehr hilfreich. Deshalb findest du es auch in einigen Übungen in diesem Buch wieder. Mir hat es sehr gutgetan, weil ich mich so zusätzlich an etwas »festhalten« konnte und durch das Zählen außerdem abgelenkt war. Wenn du ebenfalls einen sehr unruhigen Geist hast, probier es einfach mal aus.

Hat dir die Übung gutgetan? Wie bewertest du sie?

Dein Rating von 1 bis 5 für die Übung (bitte ausmalen):

☆☆☆☆☆

Falls du 4 oder 5 Sterne vergeben hast, notiere dir die Übung gern zu Beginn des Buches in die **TOP-20-Übungen,** damit du später immer wieder auf sie zugreifen kannst.

Deine Notizen

ÜBUNG 12

Atem-Meditation

Was ist das Ziel der Übung?

Die Atem-Meditation hilft dir, Grübeleien abzuschalten und innere Ruhe und Entspannung zu finden.

Wie funktioniert die Übung?

Die Atem-Meditation würde ich als die Basis des Meditierens bezeichnen. Hier geht es »einfach nur« darum, den gedanklichen Fokus immer und immer wieder auf die eigene Atmung zu lenken. Mir ist es trotzdem sehr schwergefallen, mich einfach nur hinzusetzen und meinen Atem zu beobachten. Falls es dir auch so geht, dann kannst du mal Folgendes ausprobieren:

Mach es dir bequem und schließe deine Augen. Lass deinen Atem langsamer und ruhiger werden und finde einen Rhythmus, der sich für dich gut anfühlt.

Stell dir dazu vor, wie du auf einer Schaukel sitzt. Jedes Mal, wenn die Schaukel nach hinten ausholt, atmest du ein. Und bei jedem Mal, wenn die Schaukel nach vorn schwingt, atmest du aus. Schaukle für ein paar Minuten auf diese Weise.

Versuche, gedanklich in dieser Vorstellung zu bleiben. Das hilft dir, den Fokus weg von anderen Gedanken immer wieder hin zu deiner eigenen Atmung zu bringen.

Warum hat mir die Übung damals geholfen?

Manchmal muss es gar nicht die eine große und komplizierte Übung sein. Manchmal hilft etwas ganz Einfaches sogar besser. Und genau deshalb hat es diese kleine, aber feine Übung in mein Buch geschafft. Ich mag das Bild und die Vorstellung dieser Schaukel sehr, denn es hat so viel Leichtigkeit. Nicht ohne Grund lieben es Kinder meist zu schaukeln. Mein Sohn könnte zum Beispiel Stunden damit verbringen.

Hat dir die Übung gutgetan? Wie bewertest du sie?

Dein Rating von 1 bis 5 für die Übung (bitte ausmalen):

☆☆☆☆☆

Falls du 4 oder 5 Sterne vergeben hast, notiere dir die Übung gern zu Beginn des Buches in die **TOP-20-Übungen,** damit du später immer wieder auf sie zugreifen kannst.

Deine Notizen

....

....

....

....

....

....

ÜBUNG 13

Bodyscan

Was ist das Ziel der Übung?

Der Bodyscan hilft dir, den Fokus auf deinen Körper und deine Empfindungen zu setzen.

Wie funktioniert die Übung?

Sorg dafür, dass du ungestört bist, und leg dich mit dem Rücken auf eine bequeme Unterlage. Schließe die Augen, atme ein paar Mal tief durch und komm zur Ruhe. Nun wanderst du mit deiner Aufmerksamkeit ganz langsam einmal durch den kompletten Körper und versuchst zu erspüren, wie sich jedes einzelne Körperteil anfühlt.

Schicke dazu deinen Atem gezielt in das jeweilige Körperteil. Stell dir also beispielsweise vor, wie die Luft durch deine Nase direkt in deinen kleinen Zeh fließt. Und dann erkundest du die Empfindungen in diesem Körperteil: Wie fühlt es sich an? Kribbelt etwas? Ist es warm oder kalt? Leicht oder schwer? Tut etwas weh? Gibt es Verspannungen?
Gehe auf diese Weise Schritt für Schritt ganz systematisch deinen kompletten Körper von unten nach oben durch. Hier ein Vorschlag für die Abfolge:

linker Fuß – linker Unterschenkel – linker Oberschenkel – rechter Fuß – rechter Unterschenkel – rechter Oberschenkel – Hüfte – Gesäß – Schamgegend – unterer Rücken – Bauch – oberer Rücken – Brust – Schultern – linker Oberarm – linker Unterarm – linke Hand – rechter Oberarm – rechter Unterarm – rechte Hand – Hals – Mund – Nase – Ohren – Augen – Stirn – Schläfen – Scheitel – Hinterkopf.

Warum hat mir die Übung damals geholfen?

Der Bodyscan ist ein echter Klassiker und darf deshalb in diesem Buch nicht fehlen. Natürlich habe ich ihn damals auch ausprobiert und als sehr hilfreich empfunden. Da ich während meines Burnouts ständig unbewusst angespannt war, wusste ich gar nicht mehr, wie man entspannt. Besonders in unruhigen Grübel-Nächten hat mir der Bodyscan eine ganz tiefe Ruhe gebracht und mir auch öfters mal zum Einschlafen verholfen.

Hat dir die Übung gutgetan? Wie bewertest du sie?

Dein Rating von 1 bis 5 für die Übung (bitte ausmalen):

☆☆☆☆☆

Falls du 4 oder 5 Sterne vergeben hast, notiere dir die Übung gern zu Beginn des Buches in die **TOP-20-Übungen,** damit du später immer wieder auf sie zugreifen kannst.

Deine Notizen

ÜBUNG 14

Strohhalm

Was ist das Ziel der Übung?

Diese Atemtechnik hilft dir, länger und bewusster auszuatmen und sie wirkt dadurch beruhigend.

Wie funktioniert die Übung?

Bei dieser Übung atmen wir mit einem Strohhalm. Es hilft zum Beispiel bei Angstzuständen und in stressigen Situationen. Denn in Angst- und Paniksituationen neigt man oft dazu, sehr flach zu atmen. Dann kommt es häufig zu ganz schnellem Einatmen, die sogenannte Hyperventilation. Bei dem Atmen mit Strohhalm atmen wir durch die Nase ein und langsam durch den Strohhalm wieder aus. Die bewusste Ausatmung hat eine beruhigende Wirkung und aktiviert den Parasympathikus, unseren Entspannungsnerv.

Probier diese Übung gern einmal drei bis fünf Minuten aus und du wirst direkt merken, wie du mehr und mehr zur Ruhe kommst.

Warum hat mir die Übung damals geholfen?

Strohhalme üben eine ganz besondere Faszination auf Kinder aus. Ich bin immer wieder erstaunt, dass mein Sohn viel mehr trinkt, wenn er einen Strohhalm haben darf. Und auch ich habe meinen Latte macchiato ab und an gern mit einem Strohhalm. Weil es mich irgendwie intuitiv beruhigt und entspannt. Und nun weiß ich auch warum. Also schnapp dir einen Strohhalm und probier es einfach mal selbst aus.

Hat dir die Übung gutgetan? Wie bewertest du sie?

Dein Rating von 1 bis 5 für die Übung (bitte ausmalen):

☆☆☆☆☆

Falls du 4 oder 5 Sterne vergeben hast, notiere dir die Übung gern zu Beginn des Buches in die **TOP-20-Übungen,** damit du später immer wieder auf sie zugreifen kannst.

Deine Notizen

....

....

....

....

....

....

ÜBUNG 15

Bienenatmung

Was ist das Ziel der Übung?

Diese Übung hilft ganz wunderbar abzuschalten und zu sich selbst zu kommen. Das Summen wirkt besonders entspannend und beruhigend.

Wie funktioniert die Übung?

Diese Übung kommt aus dem Yoga und heißt »Bhramari«. Ich habe sie ein wenig für mich abgewandelt:

Atme tief durch die Nase ein. Dabei verengst du die Stimmritze, sodass es wie ein Schnarchen klingt. Anschließend atmest du durch die Nase wieder aus und erzeugst dabei mit geschlossenem Mund ein Bienensummen.

Dieses Summen kannst du in höheren Tönen machen. Du spürst dann den Klang und ein leichtes Vibrieren in deinem Kopf. Je tiefer das Summen ist, umso tiefer wandert auch die Vibration bis hinein in deinen Bauch. Probier einfach mal aus, was sich gut für dich anfühlt.

Um den beruhigenden Summ-Effekt noch zu verstärken, verschließe die Ohren mit deinen Daumen und lege deine Handflächen locker über dein Gesicht.

Warum hat mir die Übung damals geholfen?

Summen ist deshalb so effektiv, weil es den Vagusnerv aktiviert. Während meines Burnouts habe ich mich ganz viel mit diesem Nerv auseinandergesetzt und konnte dadurch viel für mich mitnehmen. Der Vagusnerv hat einen beruhigenden und ausgleichenden Einfluss auf verschiedene Körperfunktionen. Er ist für die Entspannung im Körper zuständig und es lohnt sich definitiv, sich einmal intensiver damit auseinanderzusetzen. Du findest bei Google und YouTube zahlreiche Infos dazu.

Hat dir die Übung gutgetan? Wie bewertest du sie?

Dein Rating von 1 bis 5 für die Übung (bitte ausmalen):

☆☆☆☆☆

Falls du 4 oder 5 Sterne vergeben hast, notiere dir die Übung gern zu Beginn des Buches in die **TOP-20-Übungen,** damit du später immer wieder auf sie zugreifen kannst.

Deine Notizen

ÜBUNG 16

Anspannung-Entspannung

Was ist das Ziel der Übung?

Diese Methode hilft dir, dich zu entspannen und diese Entspannung auch körperlich spürbar zu machen.

Wie funktioniert die Übung?

Wenn wir gestresst sind, dann sind wir nicht nur innerlich angespannt, sondern oft auch äußerlich. So bekommen viele von uns einen verspannten Nacken oder fangen an, mit den Zähnen zu knirschen.

Auf Seite 162 stelle ich die Progressive Muskelentspannung als Körperübung vor, die dir Entspannung bringt. Das gleiche Prinzip – nämlich »Entspannung durch Anspannung« – können wir auch mit einer Atemübung verbinden.

Spanne dazu beim tiefen Einatmen deinen ganzen Körper an. Balle die Fäuste, zieh deine Schultern hoch, spanne deinen Bauch an und auch Po und Beine.

Halt kurz den Atem und deine körperliche Anspannung.

Beim Ausatmen unterstützt du die entspannende Wirkung, indem du alle körperliche Anspannung loslässt.

Wiederhole diesen Durchgang 5–7-mal, um einen beruhigenden Effekt zu spüren.

Warum hat mir die Übung damals geholfen?

Oftmals fällt es uns gar nicht so richtig auf, wie angespannt und verspannt wir durch den Alltag laufen. Diese Übung hilft dabei zu fühlen, wie sich bewusste Anspannung und dann bewusste Entspannung und Loslassen anfühlen. So können wir das nächste Mal leichter von der Anspannung in die Entspannung kommen. Bei mir hat sich nach dieser kleinen Übung oft ein wohltuendes Kribbeln in Armen und Beinen breit gemacht. Vielleicht geht es dir ja genauso.

Hat dir die Übung gutgetan? Wie bewertest du sie?

Dein Rating von 1 bis 5 für die Übung (bitte ausmalen):

☆☆☆☆☆

Falls du 4 oder 5 Sterne vergeben hast, notiere dir die Übung gern zu Beginn des Buches in die **TOP-20-Übungen,** damit du später immer wieder auf sie zugreifen kannst.

Deine Notizen

ÜBUNG 17

Zehenwackler

Was ist das Ziel der Übung?

Diese Übung hilft dir, Stress abzubauen und ist wunderbar für Situationen geeignet, in denen du innerlich unruhig oder nervös bist.

Wie funktioniert die Übung?

Nimm dir einmal fünf Minuten Zeit nur für dich. Setz dich dafür an einen ruhigen Ort, mach es dir bequem und atme ein paar Mal tief durch, komm zur Ruhe und lass den Alltagsstress los.

Atme ganz tief in den Bauch ein und halt dann den Atem kurz an. Und jetzt atmest du langsam und bewusst doppelt so lange aus, wie du eingeatmet hast.

Jetzt kommt der Clou: Während du ausatmest, wackelst du mit deinen Zehen! Das Zehenwackeln wirkt gegen Unruhe und Stress und hilft, mit deinem Bewusstsein ganz zu dir selbst zu kommen. Gleichzeitig löst du dabei stressbedingte Anspannungen.

Warum hat mir die Übung damals geholfen?

Diesmal nehmen wir uns mal nicht unsere Hände, sondern unsere Zehen zur Hilfe. Funktioniert genauso gut. Ich mag es persönlich aber auch gern, zusätzlich mit den Fingern zu wackeln. Aber das bleibt ganz dir überlassen. Diese Übung sieht vielleicht etwas seltsam aus, hat für mich aber wirklich gut funktioniert. Wie immer gilt auch hier: ausprobieren, was die Übung mit dir macht.

Hat dir die Übung gutgetan? Wie bewertest du sie?

Dein Rating von 1 bis 5 für die Übung (bitte ausmalen):

☆☆☆☆☆

Falls du 4 oder 5 Sterne vergeben hast, notiere dir die Übung gern zu Beginn des Buches in die **TOP-20-Übungen,** damit du später immer wieder auf sie zugreifen kannst.

Deine Notizen

ÜBUNG 18

Seufzeratmung

Was ist das Ziel der Übung?

Stress und innere Unruhe loszulassen, Körper und Geist zur Ruhe zu bringen.

Wie funktioniert die Übung?

Atme durch die Nase ein und dann atme direkt noch mal durch die Nase ein. So, wie du es vielleicht auch vom Weinen kennst. Anschließend atmest du mit einem langen Seufzer aus.

Du kannst das nahezu lautlos machen, aber ich finde es viel befreiender, kräftig und geräuschvoll ein »Hach« oder »Oaaa« zu seufzen, um alle im Inneren aufgebauten Spannungen abzubauen. Mach dir dabei keine Gedanken, wie das klingen mag, sondern konzentriere dich ganz auf deinen Körper.

Seufzen fördert die Gesundheit und Resilienz und ist ein perfekter Mechanismus zur Regulation von Stress. Wir seufzen auch oft bei Kummer oder aus Erleichterung. Probier es einfach mal aus und du wirst spüren, wie sich deine Spannungen und Emotionen durch das Seufzen entladen können.

Warum hat mir die Übung damals geholfen?

Ich liebe es zu seufzen und mache es wirklich total oft. Mein Sohn hat als Säugling immer nach dem Stillen geseufzt, hat danach ein Lächeln aufgesetzt und ist dann eingeschlafen, das war so unglaublich süß. Auch heute seufzt er fast jede Nacht mehrmals, unter anderem abends, bevor er in den Tiefschlaf fällt, und am Morgen, bevor er aufwacht. Man sieht richtig, wie gut ihm das tut. Und was für Kinder so perfekt funktioniert, kann für uns Erwachsene ja so falsch nicht sein.

Hat dir die Übung gutgetan? Wie bewertest du sie?

Dein Rating von 1 bis 5 für die Übung (bitte ausmalen):

☆☆☆☆☆

Falls du 4 oder 5 Sterne vergeben hast, notiere dir die Übung gern zu Beginn des Buches in die **TOP-20-Übungen,** damit du später immer wieder auf sie zugreifen kannst.

Deine Notizen

ÜBUNG 19

Wie ein Grashalm

Was ist das Ziel der Übung?

Innere und äußere Anspannungen zu lösen und die Konzentration auf das Hier und Jetzt zu legen.

Wie funktioniert die Übung?

Stell dich aufrecht hin und stell dir vor, du bist ein Grashalm, der im Wind steht. Wenn du sicher stehst, kannst du dabei auch deine Augen schließen, wenn du magst. Spür hier einfach mal in dich hinein, was sich besser anfühlt.

Atme dann tief durch die Nase ein und schwinge mit deinem Oberkörper nach hinten. Du darfst ganz offen deinem Gefühl folgen, wie weit du schwingen möchtest. Beim Ausatmen lässt du nun deinen Körper nach vorn schwingen, so weit und so beweglich, wie es sich gut für dich anfühlt. Lass nun alle Sorgen los und stell dir beim Hin- und Herschwingen bildlich vor, wie der Grashalm ganz leicht und unbeschwert im Wind wiegt.

Wenn du diese Atemübungen für 2 Minuten gemacht hast, fühlst du dich körperlich wie geistig leichter und befreiter.

Warum hat mir die Übung damals geholfen?

Ich finde Bilder aus der Natur immer so unglaublich hilfreich, weil die Natur einfach so viel Ruhe und Gelassenheit ausstrahlt. Allein durch einen Spaziergang kann man so gut zur Ruhe kommen und sich entspannen. Und wenn man sich auf einen Baum – oder wie bei dieser Übung auf einen Grashalm – besinnt, merkt man sofort, wie man ruhiger und gelassener wird. Auch heute gehe ich noch immer unglaublich gern in den Park oder in den Wald, um runterzukommen.

Hat dir die Übung gutgetan? Wie bewertest du sie?

Dein Rating von 1 bis 5 für die Übung (bitte ausmalen):

☆☆☆☆☆

Falls du 4 oder 5 Sterne vergeben hast, notiere dir die Übung gern zu Beginn des Buches in die **TOP-20-Übungen,** damit du später immer wieder auf sie zugreifen kannst.

Deine Notizen

ÜBUNG 20

Community-Übung: S.O.S. Breathwork

von Geeta G.

Was ist das Ziel der Übung?

Diese wunderbare Übung hilft dir, deine Atmung in akuten Situationen zu beruhigen und Blutdruck und Puls wieder zu normalisieren. Dadurch holst du dir die Kontrolle in der Situation zurück und es entsteht wieder ein Gefühl von Sicherheit im Körper.

Wie funktioniert die Übung?

Komm in eine aufrechte und stabile Sitzhaltung, in der deine Füße fest den Boden berühren und du dich auch mit dem Rücken anlehnen kannst.
Atme ganz normal durch die Nase ein und aus. Solltest du hyperventilieren, atme durch die Nase ein und durch den runden Mund aus, als würdest du durch einen Strohhalm pusten.

Nach der Ausatmung halt deine Nase mit Daumen und Zeigefinger zu und die Luft für 3 bis 5 Sekunden an. Zähle dabei still im Geiste wie folgt:
5 - 4 - 3 - 2 - 1
Lass deine Hand dann sinken und den Atem für etwa 10 bis 15 Sekunden wieder fließen. Wenn du möchtest, kannst du währenddessen deine Hände an den unteren Bauch legen und deine Aufmerksamkeit da halten.

Wiederhole diese Übung so lange, bis du körperlich und mental ruhiger wirst.

Warum hat mir die Übung damals geholfen?

Als ich durch eine Phase mit mehreren Panikattacken am Tag gegangen bin, hat mir diese Übung geholfen, das Gefühl von Kontrolle zurückzubekommen. Dadurch habe ich immer wieder die Erfahrung gemacht, dass ich Angst und Panikattacken kontrollieren kann und nicht davon beherrscht werden muss. Ich habe mich der Angst weniger ausgeliefert gefühlt und hatte mit der Zeit immer weniger Angst vor der Angst.

Hat dir die Übung gutgetan? Wie bewertest du sie?

Dein Rating von 1 bis 5 für die Übung (bitte ausmalen):

☆☆☆☆☆

Falls du 4 oder 5 Sterne vergeben hast, notiere dir die Übung gern zu Beginn des Buches in die **TOP-20-Übungen,** damit du später immer wieder auf sie zugreifen kannst.

Deine Notizen

REFLEXION

ÜBUNG 1

Raus aus der Opferrolle

Was ist das Ziel der Übung?

Sich weniger von anderen Menschen abhängig zu machen, Wut und Enttäuschung loszulassen. Statt in negativen Gedanken stecken zu bleiben, lösungsorientiert und positiv zu denken.

Wie funktioniert die Übung?

Kennst du das, dass dich ein anderer Mensch verletzt hat, oder dir in der Vergangenheit etwas Blödes passiert ist, oder du unzufrieden mit einer Situation bist? Und dass es dir dann super schwerfällt, aus deiner Enttäuschung oder Wut darüber wieder herauszukommen?

Das Problem ist, dass wir die Vergangenheit einfach nicht ändern können und es uns oftmals nicht gelingt, damit Frieden zu schließen. Doch genau diesen Frieden brauchen wir, um die Dinge hinter uns zu lassen und positiv in die Zukunft zu blicken. Frieden schließen heißt jedoch nicht, dass wir die Dinge, die uns andere zugefügt haben, gut finden oder entschuldigen. Es bedeutet nur, dass wir uns nicht länger damit aufhalten, uns gegen Dinge, die bereits passiert sind, zu »wehren«. Denn das bedeutet Kampf und Kampf kostet Kraft.

Frag dich in solchen Fällen nicht mehr »Wieso musste mir das bloß passieren? Warum immer ich?« – , sondern frag dich stattdessen: »Was jetzt? Was kann ich jetzt daraus machen?«

Warum hat mir die Übung damals geholfen?

Diese Übung hat mir damals geholfen, mein Leben und mein Glück wieder selbst in die Hand zu nehmen und mich nicht mehr weiter von anderen abhängig zu machen. Denn das habe ich sehr gern getan. Ja, manchmal ist es vielleicht echt blöd gelaufen, vieles war unfair und darüber dürfen wir auch traurig sein. Aber in Zukunft kann es nur besser werden, wenn wir ganz gezielt nach Lösungen suchen und aktiv werden, um unser Leben so zu gestalten, dass wir trotzdem glücklich sein können.

Hat dir die Übung gutgetan? Wie bewertest du sie?

Dein Rating von 1 bis 5 für die Übung (bitte ausmalen):

☆☆☆☆☆

Falls du 4 oder 5 Sterne vergeben hast, notiere dir die Übung gern zu Beginn des Buches in die **TOP-20-Übungen,** damit du später immer wieder auf sie zugreifen kannst.

Deine Notizen

....

....

....

....

....

....

ÜBUNG 2

Musst du oder willst du?

Was ist das Ziel der Übung?

Zu erkennen, dass du ganz oft eine Wahl hast – auch wenn du dich manchmal machtlos und fremdbestimmt fühlst.

Wie funktioniert die Übung?

Lies dir mal folgende Sätze durch und vergleiche, wie sie sich anfühlen:

»Ich muss noch Sport machen.« – »Ich möchte noch Sport machen.«

Erkennst du den Unterschied?

Das Wort »müssen« macht so viel Druck, es stresst uns und suggeriert, dass wir keine Wahl haben. Wenn wir aber etwas »wollen«, dann fühlen wir uns in unserer Entscheidung frei und der Satz hat viel mehr positive Kraft.

Wenn du also das nächste Mal von »müssen« sprichst, dann frag dich doch vielleicht direkt auch: Ist es wirklich so, dass ich das MUSS? Oder WILL ich das? Und wenn ich es nicht will, gibt es dann vielleicht nicht auch eine Möglichkeit, Nein zu sagen?

Hier findest du eine Audioanleitung

Warum hat mir die Übung damals geholfen?

Ich habe kurz vor meinem Burnout sehr, sehr viele Dinge getan, die ich eigentlich gar nicht tun wollte. Oft, um es anderen recht zu machen oder anderen zu gefallen. Ich selbst bin dabei immer mehr auf der Strecke geblieben. Heute frage ich mich deshalb, bevor ich etwas mache, immer: Will ich das gerade wirklich? Ich richte mein Handeln und meine Entscheidungen viel mehr nach meinen eigenen Wünschen und Bedürfnissen aus.

Hat dir die Übung gutgetan? Wie bewertest du sie?

Dein Rating von 1 bis 5 für die Übung (bitte ausmalen):

☆☆☆☆☆

Falls du 4 oder 5 Sterne vergeben hast, notiere dir die Übung gern zu Beginn des Buches in die **TOP-20-Übungen,** damit du später immer wieder auf sie zugreifen kannst.

Deine Notizen

ÜBUNG 3

Finde die gute Seite

Was ist das Ziel der Übung?

Die Übung hilft dir, bei kleinen Ärgernissen genauso wie in schwierigen Lebenssituationen positiv und zuversichtlich zu bleiben.

Wie funktioniert die Übung?

Mach dir immer wieder bewusst: Alles im Leben hat auch eine positive Seite. Sie ist nicht immer einfach zu finden, aber mit ein bisschen Übung wird es immer leichter, optimistisch und positiv zu denken und dadurch allgemein zufriedener und entspannter zu werden.

Übe vielleicht erst mal mit kleinen Alltagsschwierigkeiten: Du ärgerst dich über das schlechte Wetter? Dann versuche, das Positive daran zu erkennen: Die Natur freut sich über den vielen Regen. Du bist genervt von deinem Partner? Dann schau gezielt auf das Gute an ihm und spür bewusst, wie froh du bist, dass du ihn überhaupt gefunden hast.

Und wenn du das positive Denken mehr und mehr verinnerlicht hast, dann wage dich vielleicht auch an die Dinge heran, die schwierig in deinem Leben waren: Was kannst du an deiner letzten Krise rückwirkend Positives erkennen? Was war das Gute damals? Wofür bist du rückwirkend dankbar? Was hat sich vielleicht daraus ergeben, dass du sonst jetzt nicht hättest?

Warum hat mir die Übung damals geholfen?

Viele Menschen können nicht verstehen, dass mein Burnout eines der besten Dinge war, das mir passiert ist. Denn wäre ich damals durch diese Krise nicht gegangen, sähe mein Leben heute ganz anders aus. Ich bin unglaublich dankbar, dass mich diese Krise auf den richtigen Weg gebracht hat und ich heute so vielen Menschen damit helfen kann. Und vielleicht entpuppt sich die Schwierigkeit, durch die du gerade gehst, ja auch irgendwann als Segen.

Hat dir die Übung gutgetan? Wie bewertest du sie?

Dein Rating von 1 bis 5 für die Übung (bitte ausmalen):

☆☆☆☆☆

Falls du 4 oder 5 Sterne vergeben hast, notiere dir die Übung gern zu Beginn des Buches in die **TOP-20-Übungen,** damit du später immer wieder auf sie zugreifen kannst.

Deine Notizen

....

....

....

....

....

....

ÜBUNG 4

Jammer-Stopp

Was ist das Ziel der Übung?

Nicht in Wut, Enttäuschung oder anderem Frust stecken zu bleiben, sondern aktiv zu werden und zu handeln.

Wie funktioniert die Übung?

Wenn du unzufrieden bist, dich etwas ärgert oder dir alles über den Kopf wächst, dann darfst du diese Gefühle zulassen und auch mal echt schlecht drauf sein. Aber bitte mach dir immer bewusst: Es ändert deine Situation nicht.

Deshalb lass deinen Frust gern einmal raus und setz dir aber einen sogenannten »Jammer-Stopp«. Frag dich anschließend bewusst: Was kann ich jetzt tun, damit ich dieses Problem nicht mehr habe? Oder mich zumindest besser fühle? Was kann ich dafür aktiv tun?

Denn nur zu jammern bringt dich kein Stück weiter. Es geht darum, sich nicht stundenlang in einem Gefühl zu suhlen, sondern wenn man es gefühlt hat, auch wieder nach vorn zu blicken.

Warum hat mir die Übung damals geholfen?

Ich habe irgendwann gelernt, dass es einen Unterschied gibt zwischen »seine Gefühle zu fühlen« und »sich in sie hineinzusteigern«. Es ist unglaublich wichtig, Gefühle zuzulassen. Und zwar alle Gefühle, auch die vermeintlich negativen. Das heißt jedoch nicht, dass wir stunden- oder sogar tagelang in ihnen verweilen sollen und sie schlimmer machen, als sie sind. Es gilt hier, so wie immer im Leben, eine gute Balance zu finden.

Hat dir die Übung gutgetan? Wie bewertest du sie?

Dein Rating von 1 bis 5 für die Übung (bitte ausmalen):

☆☆☆☆☆

Falls du 4 oder 5 Sterne vergeben hast, notiere dir die Übung gern zu Beginn des Buches in die **TOP-20-Übungen,** damit du später immer wieder auf sie zugreifen kannst.

Deine Notizen

ÜBUNG 5

Überprüfe deine Erwartungen

Was ist das Ziel der Übung?

Entspannter zu werden und dir selbst weniger Stress zu machen.

Wie funktioniert die Übung?

Wenn du dich sehr gestresst fühlst und nicht weißt, wo dir der Kopf steht, dann hängt das oft damit zusammen, dass du zu viel von dir selbst erwartest und dir damit einen wahnsinnigen Druck machst.

Überprüfe in einer stressigen Situation deshalb mal ganz kritisch deine Erwartungen und frag dich:

- Was erwartest du gerade von dir?
- Ist es überhaupt möglich, diese Erwartungen zu erfüllen?
- Würdest du das auch von einer guten Freundin erwarten?
- Was würde passieren, wenn du diese Erwartungen ablegen könntest? Wie würde es dir dann gehen?
- Wie könntest du deine Erwartungen ein kleines Stückchen herunterschrauben – sodass du ihnen besser gerecht werden kannst?

Warum hat mir die Übung damals geholfen?

Ganz viel von unserem Druck und Stress ist hausgemacht. Denn er entsteht maßgeblich durch unsere eigenen Gedanken, durch Bewertungen und eben durch unsere Erwartungen. Diese Übung hat mir sehr geholfen, einmal genau hinzuschauen, ob meine Erwartungen an mich selbst nicht etwas hoch gegriffen sind. Ich konnte dadurch erkennen, wo ich mir selbst unnötig Stress und Druck mache und wie ich das ändern kann.

Hat dir die Übung gutgetan? Wie bewertest du sie?

Dein Rating von 1 bis 5 für die Übung (bitte ausmalen):

☆☆☆☆☆

Falls du 4 oder 5 Sterne vergeben hast, notiere dir die Übung gern zu Beginn des Buches in die **TOP-20-Übungen,** damit du später immer wieder auf sie zugreifen kannst.

Deine Notizen

....

....

....

....

....

....

ÜBUNG 6

Freifahrtschein

Was ist das Ziel der Übung?

Dieser einfache Trick hilft dir, besser für dich selbst zu sorgen und dir öfter mal etwas Gutes zu tun.

Wie funktioniert die Übung?

Kennst du das auch, dass du immer erst mal jemanden brauchst, der dir die Erlaubnis erteilt?

»Du bist krank, also ab ins Bett mit dir!«
»Ach komm schon, Chrissi! Du brauchst doch wirklich nicht auf deine Figur achten, also iss doch ruhig noch ein Eis!«
»Christina, mach doch mal eine Pause!«

Ja, das ging mir auch lange, lange Zeit so. Heute ziehe ich regelmäßig den imaginären »Freifahrtschein« und erteile mir selbst die Erlaubnis. Den brauchst du auch? Dann nimm dir einen kleinen Zettel und schreibe darauf in großen Buchstaben:

Freifahrtschein
Heute hat dein Laster freie Fahrt.

Steck ihn dir ins Portemonnaie oder an einen anderen Ort, an dem du gut darauf zugreifen kannst, und zieh gern ab und zu mal den Freifahrtschein, wenn du merkst, dass du dir selbst mal wieder etwas verbietest, das du dir eigentlich wünschst.

Warum hat mir die Übung damals geholfen?

Den Freifahrtschein »Heute hat dein Laster freie Fahrt« habe ich vor vielen Jahren mal im Kartenspiel »Bewusstsein braucht Raum« von Coach Katrin Linzbach gefunden. Und ich fand es eine sehr witzige und schöne Idee, wie man sich selbst etwas Gutes tun kann. Und eben mal nicht so hart und kritisch mit sich umgeht. Vielleicht gefällt dir diese kleine Idee ja auch.

Hat dir die Übung gutgetan? Wie bewertest du sie?

Dein Rating von 1 bis 5 für die Übung (bitte ausmalen):

☆☆☆☆☆

Falls du 4 oder 5 Sterne vergeben hast, notiere dir die Übung gern zu Beginn des Buches in die **TOP-20-Übungen,** damit du später immer wieder auf sie zugreifen kannst.

Deine Notizen

ÜBUNG 7

Was ist dein Warum?

Was ist das Ziel der Übung?

Dich selbst zu motivieren und dafür zu sorgen, dass dir deine To-dos leichter von der Hand gehen.

Wie funktioniert die Übung?

Kennst du das, wenn man sich mit bestimmten Aufgaben abquält und sie ständig vor sich herschiebt? Diese ungeliebten To-dos fressen ordentlich Energie und sind dazu echte Stimmungskiller. Wenn du das nächste Mal auf eine solche Sache stößt, dann frag dich doch mal:

Warum muss (oder will!) ich das denn tun? Was will ich damit erreichen? Was will ich vielleicht auch mit diesem To-do verhindern? Was ist der Sinn dahinter?

Wenn du einen Sinn erkennst, in dem was du tust, dann stärkt das deine Motivation und die Aufgabe wird dir viel leichter von der Hand gehen. Und wenn es keinen Sinn gibt ... Ja, dann kannst du das To-do wirklich ohne zu zögern von der Liste streichen.

Warum hat mir die Übung damals geholfen?

Früher habe ich mir die wirklich wichtigen Fragen des Lebens so gut wie gar nicht gestellt. Die Frage nach dem Warum macht aber in so vielen Bereichen unseres Lebens Sinn.

Mit dieser Übung habe ich damit angefangen, mein Handeln mal zu hinterfragen, das hat mir bei vielen Entscheidungen sehr geholfen und meine To-dos schrumpfen lassen.

Hat dir die Übung gutgetan? Wie bewertest du sie?

Dein Rating von 1 bis 5 für die Übung (bitte ausmalen):

☆☆☆☆☆

Falls du 4 oder 5 Sterne vergeben hast, notiere dir die Übung gern zu Beginn des Buches in die **TOP-20-Übungen,** damit du später immer wieder auf sie zugreifen kannst.

Deine Notizen

....

....

....

....

....

....

ÜBUNG 8

Was brauchst du jetzt gerade?

Was ist das Ziel der Übung?

Dich selbst auch im Alltagsstress immer wieder mit dir selbst zu verbinden und gut für dich zu sorgen.

Wie funktioniert die Übung?

Stell dir heute mal einen Timer auf deinem Handy, der alle 3 Stunden klingelt (außer in der Nacht natürlich!). Frag dich bei jeder dieser Erinnerungen: »Was brauche ich jetzt gerade? Was könnte mir guttun?«

Und dann versuche, dir diese Bedürfnisse auch direkt zu erfüllen.

Besonders in Zeiten, in denen unser Leben sehr unruhig und voll ist, gehen wir selbst ganz oft in den Autopiloten und funktionieren einfach nur noch. Die Folge: Wir fühlen uns ausgelaugt, müde, unglücklich.

Die Lösung ist, dass du dich ganz besonders in solchen Zeiten immer wieder gut um deine Bedürfnisse kümmerst. Getreu dem Motto: »Nur wenn es mir selbst gut geht, kann ich der Welt mein Bestes geben.«

Warum hat mir die Übung damals geholfen?

Super schöne und wirksame Übung, um regelmäßig innezuhalten, bei sich selbst einzuchecken und mal in sich hineinzuspüren, wie es einem gerade wirklich geht. Denn meistens vergessen wir im Alltag eine wichtige Person in unserem Leben: nämlich uns selbst. Um dich regelmäßig an dich selbst und deine Bedürfnisse zu erinnern, ist der 3-Stunden-Wecker ideal.

Hat dir die Übung gutgetan? Wie bewertest du sie?

Dein Rating von 1 bis 5 für die Übung (bitte ausmalen):

☆☆☆☆☆

Falls du 4 oder 5 Sterne vergeben hast, notiere dir die Übung gern zu Beginn des Buches in die **TOP-20-Übungen,** damit du später immer wieder auf sie zugreifen kannst.

Deine Notizen

ÜBUNG 9

Was würde Mary Poppins tun?

Was ist das Ziel der Übung?

Ideen zu entwickeln, wie du mit schwierigen oder stressigen Situationen umgehen kannst.

Wie funktioniert die Übung?

Schreibe dir eine Liste von fünf bis zehn Menschen oder Figuren, die dich inspirieren und von denen du das Gefühl hast, dass sie auf eine Art und Weise handeln, die deinen eigenen Werten entspricht. Das können fiktionale Figuren, berühmte Persönlichkeiten oder Menschen aus deinem Bekannten- und Verwandtenkreis sein.

Wenn du das nächste Mal in einer scheinbar ausweglosen Situation steckst oder dich überfordert fühlst, dann nimm dir einen Moment Zeit, schau mit etwas Abstand auf deine Situation und lass dich von deinen Vorbildern inspirieren:

Was würden deine Vorbilder in dieser Situation tun? Welche Lösungsideen hätten sie? Welche Prioritäten würden sie setzen? Was würden sie dir raten?

Warum hat mir die Übung damals geholfen?

Diese Übung hat mir mal wieder gezeigt: Wir müssen nicht alles allein schaffen. Wir können uns Hilfe holen. Und in diesem Fall wirkt die imaginäre Hilfe genauso wie die echte Hilfe. Vor allem hilft dir diese Methode, mal die Perspektive auf deine Probleme zu verändern und so auf neue Ideen zu kommen. Ich bin gespannt, welche Personen du als deine weisen Berater zur Seite ziehst.

Hat dir die Übung gutgetan? Wie bewertest du sie?

Dein Rating von 1 bis 5 für die Übung (bitte ausmalen):

☆☆☆☆☆

Falls du 4 oder 5 Sterne vergeben hast, notiere dir die Übung gern zu Beginn des Buches in die **TOP-20-Übungen,** damit du später immer wieder auf sie zugreifen kannst.

Deine Notizen

ÜBUNG 10

Stressgedanken identifizieren

Was ist das Ziel der Übung?

Sich selbst weniger Druck und Stress zu machen und innerlich zur Ruhe zu kommen.

Wie funktioniert die Übung?

Wenn wir uns gestresst fühlen, dann finden wir die Ursache dafür fast immer in unseren Gedanken. Wir denken also etwas, das uns unter Druck setzt und mit dem wir uns letztlich selbst stressen. Dementsprechend kann es total befreiend sein, wenn du diese Stressgedanken identifizierst und gegen positive, ermutigende Gedanken ersetzt.

Frag dich also in stressigen Situationen: Welchen Gedanken habe ich gerade, der mich stresst? Was denke ich, das mir solchen Druck macht?

Überlege dir anschließend einen positiveren Gedanken, mit dem du dich stärkst, statt dich unter Druck zu setzen, und verinnerliche ihn.

Beispiel: »Ich muss das heute noch fertig bekommen.« → »Ich erledige es in der Zeit, die es braucht.«

Oder: »Es muss perfekt werden.« → »Es reicht, wenn ich mein Bestes gebe.«

Warum hat mir die Übung damals geholfen?

Das Problem an den Gedanken ist ja: Wir nehmen sie für bare Münze und halten sie oft für die Realität. Früher wusste ich gar nicht, dass zumindest die Möglichkeit besteht, dass meine Gedanken nicht der Wahrheit entsprechen. Deshalb war es so unglaublich befreiend für mich, als ich verstanden habe: Ich muss meinen Gedanken nicht glauben. Sie dürfen da sein, das heißt jedoch nicht, dass sie auch wahr sind und stimmen. Diese neue Perspektive hat buchstäblich mein Leben verändert.

Hat dir die Übung gutgetan? Wie bewertest du sie?

Dein Rating von 1 bis 5 für die Übung (bitte ausmalen):

☆☆☆☆☆

Falls du 4 oder 5 Sterne vergeben hast, notiere dir die Übung gern zu Beginn des Buches in die **TOP-20-Übungen,** damit du später immer wieder auf sie zugreifen kannst.

Deine Notizen

ÜBUNG 11

Was kostet dein Ja?

Was ist das Ziel der Übung?

Klarheit darüber zu bekommen, wozu du »Ja« und wozu du »Nein« sagen möchtest.

Wie funktioniert die Übung?

Mal ganz ehrlich: Wie viel einfacher und entspannter wäre dein Leben, wenn es dir leichter fallen würde, zu den Dingen »Nein« zu sagen, für die du keine Energie hast, oder die du einfach nicht machen möchtest?

Auch mir ist es jahrelang sehr schwergefallen, Nein zu sagen. Heute fällt es mir schon deutlich leichter. Dabei geholfen hat mir unter anderem diese Erkenntnis:

»Alles hat seinen Preis und ich kann entscheiden, welchen Preis ich bereit bin zu zahlen.«

Wenn du also das nächste Mal in eine Situation kommst, in der ein Ja oder Nein gefragt ist, dann überlege ganz bewusst:

Was kostet dich ein Ja? Was kostet dich ein Nein? Und welchen der beiden Preise bist du bereit zu zahlen?

Warum hat mir die Übung damals geholfen?

Vielleicht kennst du den Satz: »Ein Nein zu anderen ist auch immer ein Ja zu mir selbst.« Ich finde, das macht ganz schön deutlich, dass ein Nein natürlich nichts Negatives ist, sondern es lediglich heißt, dass man damit für sich selbst und seine Wünsche und Bedürfnisse einsteht. Auch wenn sich dies erst mal etwas unbequem anfühlen mag und das schlechte Gewissen sich meldet. Wenn wir ständig Ja sagen, aber Nein meinen, geht das ganz oft auf Kosten unserer mentalen Gesundheit.

Hat dir die Übung gutgetan? Wie bewertest du sie?

Dein Rating von 1 bis 5 für die Übung (bitte ausmalen):

☆☆☆☆☆

Falls du 4 oder 5 Sterne vergeben hast, notiere dir die Übung gern zu Beginn des Buches in die **TOP-20-Übungen,** damit du später immer wieder auf sie zugreifen kannst.

Deine Notizen

....

....

....

....

....

....

ÜBUNG 12

Realitäts-Check

Was ist das Ziel der Übung?

Negative Gedanken und Befürchtungen loszulassen und innerlich zur Ruhe zu kommen.

Wie funktioniert die Übung?

Neigst du auch dazu, dir in Gedanken die schlimmsten Szenarien auszumalen oder alles in deinem Kopf noch schlimmer zu machen als es eigentlich ist?

Dann kann dir die Methode »The Work« von Byron Katie helfen, solche Stressgedanken loszulassen. Die Methode ist relativ komplex und würde hier den Rahmen sprengen, aber auch diese Kurzform kann dir schon helfen:

Überlege dir einen Gedanken, der dich belastet. Zum Beispiel: »Ich werde die Prüfung bestimmt nicht bestehen.«

Anschließend überprüfst du diesen Gedanken mit folgenden Fragen:

Frage 1: Ist dieser Gedanke wirklich wahr?
Frage 2: Kannst du mit absoluter Sicherheit wissen, dass dieser Gedanke wirklich wahr ist?
Frage 3: Wie reagierst du und wie fühlst du dich, wenn du diesen Gedanken glaubst?
Frage 4: Wer wärst du ohne diesen negativen Gedanken? Wie würdest du dich fühlen?

Warum hat mir die Übung damals geholfen?

Ich liebe »The Work« sehr und mache es auch heute noch regelmäßig. Die Methode hilft mir zu erkennen, dass das, was ich denke, ganz oft ausschließlich in meinem Kopf existiert und nicht der Wahrheit entspricht. Dass ich ohne diese negativen Gedanken deutlich entspannter und glücklicher sein könnte. Allein dieser Perspektivwechsel hat mir schon oft geholfen und mir neue Erkenntnisse gebracht.

Hat dir die Übung gutgetan? Wie bewertest du sie?

Dein Rating von 1 bis 5 für die Übung (bitte ausmalen):

☆☆☆☆☆

Falls du 4 oder 5 Sterne vergeben hast, notiere dir die Übung gern zu Beginn des Buches in die **TOP-20-Übungen,** damit du später immer wieder auf sie zugreifen kannst.

Deine Notizen

ÜBUNG 13

Happy Me-Time

Was ist das Ziel der Übung?

Dir Zeiten einzuräumen, in denen es nur um dich selbst geht und du vollkommen entspannt tun kannst, wonach dir ist.

Wie funktioniert die Übung?

Wie oft verbringst du Zeit nur mit dir selbst? Damit meine ich nicht die Zeit, in der du allein in der Küche stehst und Abendessen kochst und auch nicht die typische Ruhezeit im Bett und auf dem Sofa.

Wann nimmst du dir mal wirklich Zeit, das zu tun, was dir ganz persönlich Freude bereitet? In der du dich mit Wellness verwöhnst, deiner Leidenschaft fürs Malen nachgehst oder einfach mal komplett frei über dich und dein Leben nachdenken kannst?

Trage dir für eine solche Me-Time verbindliche Termine in deinen Kalender ein, in denen du Zeit nur mit dir selbst verbringst. Nutze diese Zeit, um zu dir selbst zu finden, dich zu entspannen und neue Kraft zu tanken.

Warum hat mir die Übung damals geholfen?

Mir meine Me-Time in den Kalender einzutragen hat so viel für mich verändert. Denn, wer kennt es nicht: Wir wollen so oft so viel für uns tun und im Alltag findet dann nichts davon statt, weil wir einfach keine Zeit finden. Wie sagt man aber so schön: Zeit hat man nicht, man nimmt sie sich. Und zwar, indem man damit anfängt, die Zeit bewusst einzuplanen. Genau dafür ist diese kleine Übung da.

Hat dir die Übung gutgetan? Wie bewertest du sie?

Dein Rating von 1 bis 5 für die Übung (bitte ausmalen):

☆☆☆☆☆

Falls du 4 oder 5 Sterne vergeben hast, notiere dir die Übung gern zu Beginn des Buches in die **TOP-20-Übungen,** damit du später immer wieder auf sie zugreifen kannst.

Deine Notizen

....

....

....

....

....

....

ÜBUNG 14

Minischritte

Was ist das Ziel der Übung?

To-dos und Probleme in kleine Schritte zu unterteilen, sodass sie nicht mehr so schwierig erscheinen und du sie einfacher und entspannter angehen kannst.

Wie funktioniert die Übung?

Kennst du die Geschichte von Beppo, dem Straßenkehrer, aus dem Buch »Momo« von Michael Ende? Darin erklärt Beppo seiner Freundin Momo, wie wichtig es ist, nie auf die komplette Straße zu schauen, die man noch kehren muss. Weil man sich dann denkt, dass man es niemals schafft und sich einen ungeheuren Stress macht, fertig zu werden. Stattdessen ist es wichtig, immer nur an den nächsten Besenstrich zu denken. Nicht weiter. So wird es einfacher, und man kann immer weitermachen. Am Ende hat man Schritt für Schritt die komplette Straße gekehrt, ohne dass es anstrengend war.

Wenn du das nächste Mal eine Aufgabe vor dir hast, die groß und schwer erscheint, dann erinnere dich an die Geschichte von Beppo, dem Straßenkehrer, und versuche, die Aufgabe in kleine Minischritte zu unterteilen.

Frag dich: Was ist der nächste Minischritt, den du in nur fünf Minuten machen kannst, um ein kleines Stückchen mit deinem Problem voranzukommen?

Warum hat mir die Übung damals geholfen?

Ich liebe dieses Bild vom Straßenkehrer so sehr. Denn auch ich war immer ein Mensch, der alles auf einmal wollte und oft den Wald vor lauter Bäumen nicht gesehen hat. Und ich war deshalb natürlich oft total überfordert. Wenn man sich jedoch nur auf den nächsten Schritt und nicht auf das große Ganze konzentriert, sieht man: Den nächsten kleinen Schritt, den kann ich immer schaffen.

Hat dir die Übung gutgetan? Wie bewertest du sie?

Dein Rating von 1 bis 5 für die Übung (bitte ausmalen):

☆☆☆☆☆

Falls du 4 oder 5 Sterne vergeben hast, notiere dir die Übung gern zu Beginn des Buches in die **TOP-20-Übungen,** damit du später immer wieder auf sie zugreifen kannst.

Deine Notizen

....

....

....

....

....

....

ÜBUNG 15

Energievampire entlarven

Was ist das Ziel der Übung?

Zu erkennen, welche Menschen dir guttun und welche dir deine Energie rauben.

Wie funktioniert die Übung?

Denk mal an die letzten Tage und mach eine Liste mit allen Menschen, mit denen du in diesen Tagen Kontakt hattest. Dabei meine ich natürlich nicht jede Kundin, der du begegnet bist, sondern vor allem die Menschen, die in deinem Alltag eine größere Rolle spielen.

Nun schreibe hinter jeder dieser Personen, wie du dich in der Regel fühlst, nachdem ihr Kontakt habt. Notiere dazu einen Punktwert auf einer Skala von –10 bis +10: Wie viel Energie raubt oder gibt dir diese Person? Fühlst du dich nach dem Kontakt mit ihm/ihr eher ausgelaugt, negativ aufgeladen und unzufrieden? Oder macht dich diese Person glücklich und du fühlst dich gut, wenn ihr Kontakt habt?

Warum hat mir die Übung damals geholfen?

Viele Menschen verbringen unglaublich viel Zeit mit Menschen, die ihnen Kraft und Energie rauben. Sie sagen immer wieder Termine zu, obwohl sie eigentlich gar keine Lust dazu haben. Genauso ging es mir auch jahrelang. Diese Übung hat mir dabei geholfen zu sehen: Wer tut mir denn eigentlich gut und wer nicht? Welche Termine will ich wirklich wahrnehmen und welche möchte ich in Zukunft lieber absagen? Nimm dir einmal bewusst Zeit, das für dich herauszufinden.

Hat dir die Übung gutgetan? Wie bewertest du sie?

Dein Rating von 1 bis 5 für die Übung (bitte ausmalen):

☆☆☆☆☆

Falls du 4 oder 5 Sterne vergeben hast, notiere dir die Übung gern zu Beginn des Buches in die **TOP-20-Übungen,** damit du später immer wieder auf sie zugreifen kannst.

Deine Notizen

....

....

....

....

....

....

ÜBUNG 16

Probleme erst lösen, wenn sie auftreten

Was ist das Ziel der Übung?

Ständige Grübeleien und Sorgen abzustellen und stattdessen ins Hier und Jetzt zu kommen.

Wie funktioniert die Übung?

»Probleme erst lösen, wenn sie auftreten« – dieser Spruch hat einen besonderen Platz in meinem Herzen (und an der Wand in meinem Büro) eingenommen. Denn viel zu oft kreisen wir in unserem Kopf um Probleme, die noch gar nicht da sind – oder womöglich auch niemals da sein werden. Und dann verschwenden wir unsere Zeit damit, über Dinge nachzudenken, die sowieso nicht eintreten werden.

Wenn du das nächste Mal also in Grübeleien und »Was ist, wenn…«-Szenarien feststeckst, dann stoppe dich mit dem Ausspruch »Probleme erst lösen, wenn sie auftreten«. Prüfe dann mal ganz bewusst, ob es das Problem, über das du nachdenkst, schon gibt, oder ob es nur als Szenario in deinem Kopf existiert. Und wenn es das Problem noch gar nicht gibt, dann wende dich stattdessen ganz bewusst wieder der Gegenwart zu und dem, was in diesem Moment wirklich da ist.

Warum hat mir die Übung damals geholfen?

Dieser Satz macht auch heute noch so einen Unterschied bei mir. Wann immer ich mich dabei erwische, dass ich damit beginnen will, mir über etwas Gedanken zu machen, was noch gar nicht eingetreten ist, mache ich mir bewusst: Es ist noch gar nichts passiert. Es ist alles gut. Ich kann mich mit diesem Problem befassen, wenn es eingetreten ist, denn dann ist immer noch genug Zeit. Am Anfang wollte mein Verstand trotzdem nicht damit aufhören und hat diese Szenarien weitergesponnen.

Hat dir die Übung gutgetan? Wie bewertest du sie?

Dein Rating von 1 bis 5 für die Übung (bitte ausmalen):

☆☆☆☆☆

Falls du 4 oder 5 Sterne vergeben hast, notiere dir die Übung gern zu Beginn des Buches in die **TOP-20-Übungen,** damit du später immer wieder auf sie zugreifen kannst.

Deine Notizen

ÜBUNG 17

In 5 oder 10 oder 15 Jahren

Was ist das Ziel der Übung?

Diese Übung kann dir dabei helfen, deinen Stress loszulassen und gelassener mit dem umzugehen, was dich belastet.

Wie funktioniert die Übung?

Manchmal erscheinen uns unsere Probleme und Sorgen übermäßig groß. Dann denken wir, die Welt geht unter, wenn wir die Prüfung nicht bestehen. Wir knabbern tagelang an der Kritik vom Chef. Oder stressen uns damit, dass das Weihnachtsessen perfekt sein muss, wenn die Schwiegereltern kommen. Halt zukünftig in solchen Situationen einmal inne und frag dich:

»Welche Bedeutung hat das eigentlich in 5 Jahren, in 10 Jahren, in 15 Jahren?«

Dieser Perspektivwechsel kann ganz viel Ruhe und Gelassenheit in dein Leben bringen, versprochen!

Warum hat mir die Übung damals geholfen?

Als mein erstes Buch »Entspannt statt ausgebrannt« erschienen ist, hatte ich mein erstes Live-Interview im Fernsehen. Ich habe gemerkt, dass mein Kopf damit anfing, Horrorszenarien durchzuspielen. Was mir hier sehr geholfen hat, war diese Frage: Wie wichtig ist dieses Interview denn in 10 Jahren? Falls ich wirklich sehr nervös wirken sollte und mir nichts einfällt, was ich sagen könnte: Wen würde das tatsächlich dann noch interessieren? Das hat mich extrem entspannt.

Hat dir die Übung gutgetan? Wie bewertest du sie?

Dein Rating von 1 bis 5 für die Übung (bitte ausmalen):

☆☆☆☆☆

Falls du 4 oder 5 Sterne vergeben hast, notiere dir die Übung gern zu Beginn des Buches in die **TOP-20-Übungen,** damit du später immer wieder auf sie zugreifen kannst.

Deine Notizen

....

....

....

....

....

....

ÜBUNG 18

Deine inneren Antreiber

Was ist das Ziel der Übung?

Herauszufinden, welche Antreiber in dir wirken und wie du dir mit diesen unbewussten Gedanken selbst Stress und Druck machst.

Wie funktioniert die Übung?

Wir alle haben innere Antreiber in uns. Das sind unbewusste Gedanken, die wir uns in unseren inneren Selbstgesprächen immer wieder sagen und mit denen wir uns selbst Stress machen.

Man unterscheidet dabei vor allem die folgenden fünf Antreiber:

1. Sei perfekt!
2. Beeil dich!
3. Streng dich an!
4. Mach es allen recht!
5. Sei stark!

Beobachte eine Zeit lang deine Gedanken und finde heraus, welches dein stärkster innerer Antreiber ist. Immer wenn du spürst, dass dich dieser Antreiber stark stresst, stell ihm einen Erlaubersatz entgegen und sag dir: »Ich darf …«

Zum Beispiel: »Ich darf Fehler machen«, »Ich lasse mir die Zeit, die ich brauche«, »Ich darf Hilfe annehmen«, »Ich darf auch Spaß haben«, »Ich darf ich selbst sein«.

Warum hat mir die Übung damals geholfen?

Zu diesen Antreibern habe ich in meinem ersten Buch schon ganz viel geschrieben. Ich fand es damals megaspannend zu sehen, was ich denn eigentlich den ganzen Tag so denke, was mich so tierisch unter Druck und Stress setzt. Und Erkenntnis ist ja bekanntlich der erste Schritt zur Besserung. Wenn du mein erstes Buch noch nicht hast und noch mehr Persönliches von mir erfahren möchtest, lohnt es sich sicher, da auch mal reinzusehen ;-)

Hat dir die Übung gutgetan? Wie bewertest du sie?

Dein Rating von 1 bis 5 für die Übung (bitte ausmalen):

☆☆☆☆☆

Falls du 4 oder 5 Sterne vergeben hast, notiere dir die Übung gern zu Beginn des Buches in die **TOP-20-Übungen,** damit du später immer wieder auf sie zugreifen kannst.

Deine Notizen

....

....

....

....

....

....

ÜBUNG 19

Bist du in deinem Element?

Was ist das Ziel der Übung?

Entspannter und versöhnlicher mit dir umzugehen und dir selbst weniger Druck zu machen.

Wie funktioniert die Übung?

Denk mal an eine Tätigkeit, bei der du dir immer großen Stress machst, weil sie dir einfach sehr, sehr schwerfällt. Und dann frag dich: »Bin ich da in meinem Element? Ist das meine Stärke? Mache ich das, was mir am Herzen liegt und voll zu mir passt?«

Und klar, die Antwort wird »Nein« lauten. Denn immer dann, wenn uns etwas so schwerfällt und wir uns damit quälen, dann passt es einfach nicht zu uns.

Versuche, dich deshalb in diesen Momenten nicht weiter unter Druck zu setzen und zu kritisieren, sondern überprüfe dann besser: Ist das etwas, was zu meinen Stärken passt und bei dem ich glänzen kann? Oder mach ich da gerade Dinge, für die ich nicht geschaffen wurde?

Warum hat mir die Übung damals geholfen?

Dieser Perspektivwechsel hat mir geholfen, mich selbst besser anzunehmen und zu verstehen, dass es nicht wichtig ist, was ich kann und was nicht. Sondern dass ich für ein erfolgreiches und glückliches Leben dafür sorgen darf, dass ich möglichst viel von dem mache, was ich gern mache und möglichst wenig von dem, was mir nicht liegt. Denn wieso sollte ich meine Zeit damit verschwenden, mich auf Dinge zu konzentrieren, die nicht zu mir und meinen Stärken passen?

Hat dir die Übung gutgetan? Wie bewertest du sie?

Dein Rating von 1 bis 5 für die Übung (bitte ausmalen):

☆☆☆☆☆

Falls du 4 oder 5 Sterne vergeben hast, notiere dir die Übung gern zu Beginn des Buches in die **TOP-20-Übungen,** damit du später immer wieder auf sie zugreifen kannst.

Deine Notizen

ÜBUNG 20

Community-Übung: 4-Schritte-Übung

von Anita P.

Was ist das Ziel der Übung?

Erste Unruhe-Symptome loszulassen und mehr Achtsamkeit in bestimmte Situationen zu bringen.

Wie funktioniert die Übung?

Schritt 1: Umschauen
Schaue dich im ganzen Raum um. Versuche, dabei wirklich den ganzen Raum zu erkunden. Dich auf diese Weise zu orientieren, öffnet deinen Fokus, bringt dir Sicherheit und Entspannung.

Schritt 2: Achte auf deine Atmung
Du solltest möglichst doppelt so lange ausatmen wie einatmen. Zähle beispielsweise beim Einatmen innerlich bis 4 und beim Ausatmen bis 8.

Schritt 3: Mantra »Ich bin sicher«
Sage dir laut oder innerlich bei jedem Ausatmen »Ich bin sicher«.

Schritt 4: Erlaube der Angst, da zu sein
Die Empfindungen aller Symptome (Schwindel, Übelkeit, innere Unruhe usw.) wahrnehmen und ihnen erlauben, da zu sein. Das Erlauben sorgt dafür, dass du an keinem Punkt einen Widerstand hast. Dass du nicht dagegen ankämpfst und nicht verdrängst. Du erlaubst damit dieser emotionalen Welle, durch deinen Körper hindurchzugehen.

Warum hat mir die Übung damals geholfen?

Diese Übung hilft mir, im Hier und Jetzt zu bleiben. Sie hilft mir durch meine Angst und Panikattacken mit dem Wissen, dass mir nichts passiert. Ich lerne dadurch, mit meinem Körper Schritt für Schritt die Ängste loszulassen.

Hat dir die Übung gutgetan? Wie bewertest du sie?

Dein Rating von 1 bis 5 für die Übung (bitte ausmalen):

☆☆☆☆☆

Falls du 4 oder 5 Sterne vergeben hast, notiere dir die Übung gern zu Beginn des Buches in die **TOP-20-Übungen,** damit du später immer wieder auf sie zugreifen kannst.

Deine Notizen

KÖRPER

ÜBUNG 1

Sit with it

Was ist das Ziel der Übung?

Ängste und Sorgen zuzulassen und sie zu spüren, ohne dich gedanklich noch tiefer hineinzusteigern.

Wie funktioniert die Übung?

»Sit with it« bedeutet, dass du dich mit deinem Gefühl hinsetzen sollst. Also: Flüchte nicht vor deinen Ängsten und Sorgen, sondern lass sie da sein, akzeptiere sie, widme dich ihnen und fühle sie ganz bewusst.

Such dir dafür also einen ruhigen Ort und setz dich hin. Gern auch auf den Boden. Um dich nicht gedanklich zu tief hineinzusteigern, hilft es, wenn du dich vor allem auf deinen Körper konzentrierst und das Gefühl wie ein Forscher untersuchst:

Wo genau fühlst du es? Wie fühlt es sich an?
Welche Farbe hat dieses Gefühl?
Welche Form hat es?
Hat es vielleicht sogar einen Namen, mit dem du es in Zukunft ansprechen möchtest?

Warum hat mir die Übung damals geholfen?

Ich habe mich lange Zeit sehr schwergetan, den Unterschied zu erkennen zwischen Gefühle zu fühlen und mich hineinzusteigern. Diese Übung hat mir gezeigt, wie ich meine Ängste annehmen und mich ihnen stellen kann – ohne dass ich die Angst dabei gedanklich noch weiter angefüttert habe. Sich auf das KÖRPERLICHE Gefühl der Angst zu konzentrieren und keine weiteren »Was wäre wenn«-Szenarien in meinem Kopf dazu abzuspulen, hat mir damals sehr geholfen.

Hat dir die Übung gutgetan? Wie bewertest du sie?

Dein Rating von 1 bis 5 für die Übung (bitte ausmalen):

☆☆☆☆☆

Falls du 4 oder 5 Sterne vergeben hast, notiere dir die Übung gern zu Beginn des Buches in die **TOP-20-Übungen,** damit du später immer wieder auf sie zugreifen kannst.

Deine Notizen

....

....

....

....

....

....

ÜBUNG 2

Frieden beginnt in dir

Was ist das Ziel der Übung?

Mit dieser Übung kannst du dich selbst zur Ruhe bringen und innerlich entspannter werden.

Wie funktioniert die Übung?

Diese Übung stammt aus dem Kundalini Yoga und funktioniert ausgezeichnet, wenn du dich über etwas aufregst und eine Möglichkeit suchst, dich zu beruhigen:

Sprich die folgenden vier Worte aus:

»Frieden – beginnt – in – mir.«

Dabei tippst du nacheinander bei jedem Wort mit einem deiner Finger an deinen Daumen derselben Hand. Also bei dem Wort »Frieden« tippst du den Zeigefinger auf deinen Daumen, bei »beginnt« den Mittelfinger, bei »in« tippt der Ringfinger den Daumen an und abschließend tippt der kleine Finger bei »mir« gegen deinen Daumen.

Wiederhole den Durchgang einige Male, bis du spürst, dass du ruhiger wirst.

Warum hat mir die Übung damals geholfen?

Ich glaube, ich wurde damals zum ersten Mal in einem Video von Laura Seiler auf die Übung aufmerksam. Sie hat mir gleich gefallen, weil ich es absolut liebe, etwas mit den Händen zu tun und dabei ein Mantra zu sagen oder zu atmen. So ist man sozusagen »doppelt« beschäftigt und die negativen Gedanken haben noch weniger Chancen, sich zu vermehren. Eine ähnliche Übung findest du ja auch in der 5-Finger-Übung auf Seite 58.

Hat dir die Übung gutgetan? Wie bewertest du sie?

Dein Rating von 1 bis 5 für die Übung (bitte ausmalen):

☆☆☆☆☆

Falls du 4 oder 5 Sterne vergeben hast, notiere dir die Übung gern zu Beginn des Buches in die **TOP-20-Übungen,** damit du später immer wieder auf sie zugreifen kannst.

Deine Notizen

....

....

....

....

....

....

ÜBUNG 3

Hampelmann

Was ist das Ziel der Übung?

Mit dieser sportlichen Übung kannst du gezielt Stress abbauen und dir einen frischen Energiekick geben.

Wie funktioniert die Übung?

Bist du erschöpft und weißt nicht, wo dir der Kopf steht? Dann versuch es zur Abwechslung doch mal mit einer kleinen Sporteinheit. Denn durch die körperliche Anstrengung kannst du Stress abbauen und gleichzeitig durch die erhöhte Sauerstoffaufnahme viel neue Energie tanken. Welchen Sport du machst, ist eigentlich egal. Auch ein Spaziergang hilft schon.

Einer meiner persönlichen Favoriten ist aber die Hampelmann-Übung. Dazu springst du einfach wie ein Hampelmann: Spreize im Sprung die Beine, sodass sie etwas mehr als schulterbreit auseinanderstehen. Die Arme gehen dabei über die Seiten nach oben und deine Hände klatschen sich weit über deinem Kopf ab. Dann springst du wieder zurück in die Ausgangsposition, in der die Beine nah beieinander stehen und die Arme gerade an deiner Seite herunterhängen.

Hüpfe so für 2–3 Minuten. Das lässt nicht nur deinen Puls steigen und bringt dir damit frische Energie. Es sieht auch so lustig aus, dass es dich bestimmt zum Lachen bringt und dir gute Laune macht.

Warum hat mir die Übung damals geholfen?

Was ich an der Übung besonders mag: Sie geht superschnell, man kann sie – zumindest, wenn man allein ist :-) – sofort und ohne Hilfsmittel durchführen und man spürt den positiven Effekt sofort. Natürlich ist sie für U-Bahn, Bus oder öffentliche Plätze eher schlecht geeignet, aber zu Hause kann man sie wunderbar durchführen. Nach der Übung wirst du dich direkt etwas besser fühlen, denn man ist wacher und der Kreislauf ist wieder in Schwung.

Hat dir die Übung gutgetan? Wie bewertest du sie?

Dein Rating von 1 bis 5 für die Übung (bitte ausmalen):

☆☆☆☆☆

Falls du 4 oder 5 Sterne vergeben hast, notiere dir die Übung gern zu Beginn des Buches in die **TOP-20-Übungen,** damit du später immer wieder auf sie zugreifen kannst.

Deine Notizen

....

....

....

....

....

....

ÜBUNG 4

Sich selbst halten

Was ist das Ziel der Übung?

Dich in Momenten von starkem Stress und innerer Unruhe selbst beruhigen.

Wie funktioniert die Übung?

Über Körperkontakt und positive Berührungen kannst du direkt positiv auf dein Nervensystem einwirken und dich gezielt entspannen. Und das Beste ist: Dafür brauchst du nicht unbedingt eine andere Person. Du kannst dich auch selbst halten, umarmen oder berühren, um dich zu beruhigen und zu entspannen.

Diese Berührungen haben mir sehr geholfen:

- Leg eine Hand auf dein Schlüsselbein und die andere Hand auf dein Herz. Halt dich so fest und beobachte, wie sich dein Herz langsam beruhigt.
- Halt dich selbst an der Hand, oder nimm den Daumen der einen Hand in die andere.
- Umarm dich selbst ganz fest.
- Leg eine Hand auf die Stirn und die andere Hand auf dein Herz.

Probier einfach aus, was sich für dich gut anfühlt, und schenk dir selbst tröstende und ermutigende Berührungen, wann immer du sie brauchst.

Warum hat mir die Übung damals geholfen?

Was mir damals während meines Burnouts am meisten gefehlt hat, waren Vertrauen, innere Ruhe und Sicherheit. Ich habe diese Dinge ständig im Außen gesucht, weil ich sie in mir selbst nicht finden konnte. Mit dieser Übung bekam ich zum ersten Mal ein Gefühl dafür, dass ich mich auch selbst beruhigen kann und dass ich viel stärker bin, als ich vielleicht gerade glaube.

Hat dir die Übung gutgetan? Wie bewertest du sie?

Dein Rating von 1 bis 5 für die Übung (bitte ausmalen):

☆☆☆☆☆

Falls du 4 oder 5 Sterne vergeben hast, notiere dir die Übung gern zu Beginn des Buches in die **TOP-20-Übungen,** damit du später immer wieder auf sie zugreifen kannst.

Deine Notizen

....

....

....

....

....

....

ÜBUNG 5

Lächeln macht glücklich

Was ist das Ziel der Übung?

Dich selbst in eine positive Stimmung zu versetzen. Körperliche Gesten zu nutzen, um Glücksgefühle zu produzieren.

Wie funktioniert die Übung?

Unsere Gefühle wirken direkt auf unseren Körper ein: Beispielsweise lächeln wir ganz automatisch, wenn wir uns über etwas freuen. Das Gleiche funktioniert aber auch andersherum. Du kannst durch deine Körperhaltung und Mimik auch deine Gefühle beeinflussen. Probier es doch direkt mal aus:

Stell dich mit beiden Beinen fest auf den Boden, zieh die Schultern zurück und halt den Kopf so hoch, dass deine Nasenspitze ein kleines bisschen nach oben zeigt.

Und dann lächle wie ein Honigkuchenpferd. Lass auch deine Augen mitlächeln und dein ganzes Gesicht erstrahlen.

Wenn du diese Position einen Moment hältst, dann sendet dein Körper deinem Gehirn das Signal, dass du glücklich bist, und es werden Glückshormone ausgeschüttet.

Warum hat mir die Übung damals geholfen?

Hast du schon einmal den Satz »Fake it until you make it« gehört? Obwohl ich kein großer Fan davon bin, Dinge vorzuspielen, kann es hier jedoch wahre Wunder bewirken. Denn unser Gehirn kann erst mal nicht zwischen einem echten und einem gespielten Lächeln unterscheiden. Das Ergebnis ist dasselbe: Es werden Glücksgefühle ausgeschüttet. Es kann also wirklich helfen, die Übung einmal auszuprobieren.

Hat dir die Übung gutgetan? Wie bewertest du sie?

Dein Rating von 1 bis 5 für die Übung (bitte ausmalen):

☆☆☆☆☆

Falls du 4 oder 5 Sterne vergeben hast, notiere dir die Übung gern zu Beginn des Buches in die **TOP-20-Übungen,** damit du später immer wieder auf sie zugreifen kannst.

Deine Notizen

ÜBUNG 6

Klopftechnik

Was ist das Ziel der Übung?

Diese Akupressurmethode hilft dir, innere Blockaden aufzulösen und gleichzeitig neues, positives Denken in dir zu verankern.

Wie funktioniert die Übung?

Bei der Klopftechnik klopfst du sanft auf sogenannte Meridianpunkte und löst dadurch innere Blockaden. Gleichzeitig sprichst du Sätze oder Affirmationen aus, die du verinnerlichen möchtest. Es gibt zahlreiche unterschiedliche Ansätze, wie man diese Klopftechnik anwenden kann. Klopfe mit dem Zeige- und Mittelfinger jeweils zwischen 10- und 20-mal sanft nacheinander auf die folgenden Punkte:

1. Handkantenpunkt
2. Scheitel
3. Seitliche Augenbraue/ Nasenwurzel
4. Schläfe
5. Unter den Augen
6. Unter der Nase
7. Unter dem Mund
8. Auf bzw. unter dem Schlüsselbein
9. Auf dem Rippenbogen/ unter dem Arm

Sprich dabei immer wieder einen Satz aus, den du verinnerlichen möchtest, zum Beispiel: »Alles wird gut« oder »Ich lasse meinen Stress jetzt los und komme zur Ruhe«.

Hier findest du eine Videoanleitung

Warum hat mir die Übung damals geholfen?

Wie bereits erwähnt, finde ich es immer hilfreich, nicht nur bewusst zu atmen oder sich innerlich Mantren aufzusagen, sondern auch etwas mit dem Körper zu tun. Dafür ist die Klopftechnik perfekt. Ich habe mich nach so einer kleinen Runde Klopfen immer wie neugeboren gefühlt und kann es nur empfehlen. Schau doch einfach mal, was die Klopftechnik mit dir macht und lass dich darauf ein.

Hat dir die Übung gutgetan? Wie bewertest du sie?

Dein Rating von 1 bis 5 für die Übung (bitte ausmalen):

☆☆☆☆☆

Falls du 4 oder 5 Sterne vergeben hast, notiere dir die Übung gern zu Beginn des Buches in die **TOP-20-Übungen,** damit du später immer wieder auf sie zugreifen kannst.

Deine Notizen

ÜBUNG 7

Gefühle abschütteln

Was ist das Ziel der Übung?

Körperlich Stress abzubauen und sich unangenehme Gefühle wortwörtlich aus dem Körper zu schütteln.

Wie funktioniert die Übung?

Diese Übung ist supereinfach: Schüttle deinen Stress, deine Angst, deine Sorgen oder was immer dich belastet aus dir heraus.

Du kannst dafür nur deine Hände, deine Arme oder Beine nehmen. Du kannst aber auch deinen kompletten Körper ausschütteln oder ganz ausgelassen zu deiner Lieblingsmusik tanzen. Das wirkt befreiend und macht Spaß!

Außerdem wirst du nach der Übung feststellen, wie Arme und Beine wohlig kribbeln und wieder viel besser durchblutet sind.

Wenn du möchtest, darfst du auch gern meine Gute-Laune-Playlist dafür nutzen:

Warum hat mir die Übung damals geholfen?

Auch wenn es zunächst komisch aussieht, ich liebe diese Übung, weil sie so einfach ist. Ich mache das tatsächlich auch immer mal wieder zwischendurch im Büro. Ich stehe auf, gehe einmal um meinen Schreibtisch herum und schüttle meine Arme und Beine aus. Hat gleich zwei Vorteile: Man entspannt die Muskeln vom langen Sitzen und wird direkt wieder wach, falls man sich ein bisschen müde und schläfrig fühlt.

Hat dir die Übung gutgetan? Wie bewertest du sie?

Dein Rating von 1 bis 5 für die Übung (bitte ausmalen):

☆☆☆☆☆

Falls du 4 oder 5 Sterne vergeben hast, notiere dir die Übung gern zu Beginn des Buches in die **TOP-20-Übungen,** damit du später immer wieder auf sie zugreifen kannst.

Deine Notizen

ÜBUNG 8

5-4-3-2-1-Übung

Was ist das Ziel der Übung?

Anspannung und inneren Stress loszulassen. Aus dem Gedankenkarussell auszusteigen, mehr Achtsamkeit in den Alltag einzuladen, den Fokus ins Hier und Jetzt zu bringen.

Wie funktioniert die Übung?

Wenn du mal wieder mit deinen Gedanken in der Vergangenheit oder der Zukunft feststeckst und du dich daraus befreien möchtest, dann holst du dich mit dieser Übung voll ins Hier und Jetzt zurück.

Schau dich dazu um, such und benenne nacheinander:

5 Sachen, die du gerade um dich herum sehen kannst,
4 Geräusche, die du jetzt gerade hörst,
3 Dinge, die du spüren kannst,
2 Gerüche, die du gerade wahrnimmst,
1 Sache, die du schmeckst.

Auf diese Weise lenkst du deine Aufmerksamkeit weg von Grübeleien, Sorgen und stressvollen Gedanken hin zu dem, was jetzt gerade wirklich da ist.

Warum hat mir die Übung damals geholfen?

Früher war ich gedanklich so gut wie immer in der Vergangenheit oder in der Zukunft. Entweder ich habe mir überlegt, was ich früher alles falsch gemacht habe, was hätte anders laufen sollen, oder ich habe mir Sorgen um meine Zukunft gemacht. Diese Übung hilft dabei, den Blick und den Fokus wieder auf die Gegenwart zu legen. Denn tatsächlich ist das die einzige Zeit, die wir beeinflussen können.

Hat dir die Übung gutgetan? Wie bewertest du sie?

Dein Rating von 1 bis 5 für die Übung (bitte ausmalen):

☆☆☆☆☆

Falls du 4 oder 5 Sterne vergeben hast, notiere dir die Übung gern zu Beginn des Buches in die **TOP-20-Übungen,** damit du später immer wieder auf sie zugreifen kannst.

Deine Notizen

ÜBUNG 9

Powerpose

Was ist das Ziel der Übung?

Diese Übung hilft, dass du dich selbst stärker und selbstbewusster fühlst.

Wie funktioniert die Übung?

Nimm eine typische Chef-Pose ein: Setz dich dazu zum Beispiel auf einen Stuhl, verschränke die Hände hinter dem Nacken und lege dann noch die Füße hoch, beispielsweise auf einen Tisch.

Nun musst du diese Pose für mindestens 3 Minuten halten.

Laut Sozialwissenschaftlerin Amy Cuddy bewirkt diese Powerpose, dass innerhalb von wenigen Minuten die Stressmarker im Blut reduziert werden und der Testosteronspiegel ansteigt. Tatsächlich konnten die hormonellen Auswirkungen in Folgestudien nicht bestätigt werden. Aber die berichteten Auswirkungen der Teilnehmer zeigten: Die Probanden fühlten sich nach dem Powerposing stärker und selbstbewusster als vorher.

Warum hat mir die Übung damals geholfen?

Auch für diese Übung gilt: Einfach mal ausprobieren, ob du dich nach so einer Chef-Pose besser fühlst. Hier kommt ja ebenfalls das sogenannte »Fake it until you make it«-Prinzip zum Einsatz. Erst tun wir so, als ob wir selbstbewusst wären, bis wir uns tatsächlich so fühlen. Außerdem hat es mir damals richtig Spaß gemacht, mich mal so richtig »cheffig« hinzusetzen :-).

Hat dir die Übung gutgetan? Wie bewertest du sie?

Dein Rating von 1 bis 5 für die Übung (bitte ausmalen):

☆☆☆☆☆

Falls du 4 oder 5 Sterne vergeben hast, notiere dir die Übung gern zu Beginn des Buches in die **TOP-20-Übungen,** damit du später immer wieder auf sie zugreifen kannst.

Deine Notizen

....

....

....

....

....

....

ÜBUNG 10

Achtsamer Spaziergang

Was ist das Ziel der Übung?

Ein achtsamer Spaziergang hilft dir, von deinen Gedanken, To-dos und vom Stress abzuschalten und dich wirklich zu entspannen.

Wie funktioniert die Übung?

Nimm dir Zeit für einen kurzen Spaziergang. Der Trick ist, dass du bei diesem Spaziergang einfach mal deine Gedanken davonfliegen lässt und dich auf das konzentrierst, was um dich herum ist. Geh dazu beim Spaziergang alle fünf Sinne ganz bewusst einmal durch: sehen, riechen, hören, schmecken, tasten bzw. fühlen.

Was siehst du alles? Was gibt es zu entdecken? Was fällt dir vielleicht auf, was du sonst übersiehst? Was ist für dich besonders schön anzusehen?

Was riechst du? Wie riechen die Pflanzen, Gegenstände oder Menschen, an denen du vorbeikommst?

Was hörst du? Welche Geräusche, Stimmen oder Musik kannst du wahrnehmen?

Schmeckst du etwas? Und wenn ja, was ist es?

Was spürst du? Wie fühlt sich der Untergrund an, auf dem du gerade gehst?

Warum hat mir die Übung damals geholfen?

Ich bin während meines Burnouts so viel spazieren gegangen. Mindestens 1 bis 1,5 Stunden am Tag. Es hat mir einfach gutgetan, mich zu bewegen, denn so hatte ich etwas zu tun und das Gefühl, herauszukommen aus meinen vier Wänden und auch ein bisschen aus meinem Kopf, der mich so wahnsinnig gemacht hat. Natur wirkt bis heute unglaublich beruhigend auf mich.

Hat dir die Übung gutgetan? Wie bewertest du sie?

Dein Rating von 1 bis 5 für die Übung (bitte ausmalen):

☆☆☆☆☆

Falls du 4 oder 5 Sterne vergeben hast, notiere dir die Übung gern zu Beginn des Buches in die **TOP-20-Übungen,** damit du später immer wieder auf sie zugreifen kannst.

Deine Notizen

ÜBUNG 11

Progressive Muskelentspannung

Was ist das Ziel der Übung?

Innere und äußere Anspannungen loszulassen und nach und nach innerlich ruhiger zu werden.

Wie funktioniert die Übung?

»Entspannung durch Anspannung« ist das Motto, das hinter der Progressiven Muskelentspannung steckt. Diese ganz einfache Entspannungstechnik funktioniert so, dass du nacheinander verschiedene Körperregionen anspannst, diese Anspannung für etwa 10–15 Sekunden hältst, dann wieder loslässt und die Entspannung genießt.

Ich kann dir aber sehr empfehlen, mal eine geführte Meditation zu machen, bei der du Schritt für Schritt durch die Entspannung in den verschiedenen Muskelgruppen geleitet wirst. Im Internet findest du unzählige Videos dazu, einfach mal nach Progressiver Muskelentspannung googeln).

Warum hat mir die Übung damals geholfen?

Ich war früher vor allem in meinem Kiefer und in Schultern und Nacken sehr angespannt, weshalb ich diese Übung immer erst mit dem Gesicht und den Schultern gemacht habe. Ich habe mein Gesicht zu einer richtigen »Knautschkugel« angespannt und meine Schultern nach oben gezogen. Nach 15 Sekunden habe ich bewusst alles wieder losgelassen. Du kannst jedoch natürlich selbst entscheiden, mit welchen Körperteilen du beginnen möchtest.

Hat dir die Übung gutgetan? Wie bewertest du sie?

Dein Rating von 1 bis 5 für die Übung (bitte ausmalen):

☆☆☆☆☆

Falls du 4 oder 5 Sterne vergeben hast, notiere dir die Übung gern zu Beginn des Buches in die **TOP-20-Übungen,** damit du später immer wieder auf sie zugreifen kannst.

Deine Notizen

....

....

....

....

....

....

ÜBUNG 12

Thymusdrüse klopfen

Was ist das Ziel der Übung?

Diese Klopfmethode erweckt deine Lebensgeister und macht dich schnell wacher und fitter.

Wie funktioniert die Übung?

Kennst du das, wenn sich Gorillas auf die Brust trommeln, um sich stark zu machen? Das können wir Menschen auch!

Eine Handbreit unterhalb des Halses, in der Mitte der Brust und hinter dem oberen Brustbein befindet sich die Thymusdrüse, die im Kindes- und Jugendalter maßgeblich am Aufbau des Immunsystems beteiligt ist.

Probier es auch mal und klopfe diesen Punkt für etwa 20 Sekunden. Ich habe immer wieder erlebt, wie mir diese einfache Körperübung frische Energie gebracht hat.

Warum hat mir die Übung damals geholfen?

Wir haben bei den Übungen dieses Buches nun ja schon so einiges beklopft und dir sollte das bekannt sein. Das Trommeln auf meine Brust hat mich immer sofort ein bisschen stark fühlen lassen. Da ich mich damals so gut wie nie stark und mutig gefühlt habe, war die Übung ein kleiner Segen für mich, denn so konnte ich dieses »Ich schaffe das«-Gefühl wenigstens ab und zu in mir hervorholen.

Hat dir die Übung gutgetan? Wie bewertest du sie?

Dein Rating von 1 bis 5 für die Übung (bitte ausmalen):

☆☆☆☆☆

Falls du 4 oder 5 Sterne vergeben hast, notiere dir die Übung gern zu Beginn des Buches in die **TOP-20-Übungen,** damit du später immer wieder auf sie zugreifen kannst.

Deine Notizen

ÜBUNG 13

Föhn dich zur Ruhe

Was ist das Ziel der Übung?

Entspannung durch Wärme und monotone Geräusche zu erzeugen. Abschalten und den Körper sensorisch zu verwöhnen.

Wie funktioniert die Übung?

Eine ganz einfache Übung, die dich in kürzester Zeit entspannt und dir ein wohliges Gefühl ums Herz macht: Föhne dich einfach mal für 2–3 Minuten.

Das Schöne und Beruhigende daran ist nicht nur die entspannende Wärme, sondern auch die sensorischen Reize, die die Föhnluft auf deinem Kopf/deiner Haut erzeugt. (Achtung, nicht zu dicht an die Haut lassen – Verbrennungsgefahr!) Das monotone Geräusch wirkt außerdem sehr beruhigend. Da wir uns ja im Normalfall etwa einmal die Woche die Haare föhnen, versuch das Föhnen das nächste Mal doch einfach ganz bewusst zu genießen, anstatt es nur als lästige Pflicht zu sehen.

Warum hat mir die Übung damals geholfen?

Die magische Wirkung des Föhns wurde mir noch mal nach der Geburt meines Sohnes 2019 bewusst: Hast du schon einmal festgestellt, wie schnell Babys sich entspannen, wenn man den Föhn anmacht? Ich fand es damals so erstaunlich, wie Henry sofort aufgehört hat zu weinen, wenn wir den Föhn angemacht haben. Angeblich klingt ein Föhn wie das Rauschen des Blutes im Mutterleib. Und was für Babys so entspannend ist, kann doch auch Erwachsenen nicht schaden, oder?

Hat dir die Übung gutgetan? Wie bewertest du sie?

Dein Rating von 1 bis 5 für die Übung (bitte ausmalen):

☆☆☆☆☆

Falls du 4 oder 5 Sterne vergeben hast, notiere dir die Übung gern zu Beginn des Buches in die **TOP-20-Übungen,** damit du später immer wieder auf sie zugreifen kannst.

Deine Notizen

ÜBUNG 14

Sonne ins Gesicht

Was ist das Ziel der Übung?

Neue Energie zu schöpfen, wenn du dich müde und ausgelaugt fühlst. Glücksgefühle und eine positive Stimmung zu erzeugen.

Wie funktioniert die Übung?

Diese Übung ist ganz einfach: Geh raus an die frische Luft und lass dir ein bisschen Sonne ins Gesicht strahlen!

Dafür braucht es gar nicht die direkte Sonne des Hochsommers – selbst das normale Tageslicht hilft schon, dass die Lebensgeister erwachen. Denn Sonnenlicht sorgt dafür, dass die Produktion von Melatonin – dem Schlafhormon – gehemmt wird. Und gleichzeitig führt es dazu, dass im Körper das sogenannte Glückshormon Serotonin produziert wird.

Tipp: An ganz dunklen Wintertagen kann dir eine Tageslichtlampe (mit mindestens 10.000 Lux) weiterhelfen. Ist nicht ganz so gut wie das echte Sonnenlicht, aber es funktioniert ebenfalls.

Warum hat mir die Übung damals geholfen?

Ich persönlich bin ein absolutes Sonnenkind und mir geht es immer besser, wenn die Sonne scheint. Mich macht es richtig glücklich, in der Sonne zu sitzen und einen Cappuccino zu trinken oder ein Buch zu lesen. Ich versuche auch heute noch, bei gutem Wetter ganz viel draußen zu sein. Wenn es dir genauso geht, ist die Übung perfekt für dich. Wenn du eher kein Sonnenanbeter bist, darfst du dir gern eine andere der 99 verbleibenden Übungen aussuchen :-).

Hat dir die Übung gutgetan? Wie bewertest du sie?

Dein Rating von 1 bis 5 für die Übung (bitte ausmalen):

☆☆☆☆☆

Falls du 4 oder 5 Sterne vergeben hast, notiere dir die Übung gern zu Beginn des Buches in die **TOP-20-Übungen,** damit du später immer wieder auf sie zugreifen kannst.

Deine Notizen

ÜBUNG 15

Handmassage

Was ist das Ziel der Übung?

Sich in Momenten von Nervosität oder Stress gezielt mit Massage zu entspannen.

Wie funktioniert die Übung?

Eine Handmassage ist nicht nur wohltuend. Du kannst hier auch ganz gezielt Akupressurpunkte stimulieren, die dir Entspannung bringen:

Die tiefste Stelle der Handinnenfläche:
Umfasse deine Hand so, dass du mit dem Daumen Druck auf die tiefste Stelle deiner Handfläche ausüben kannst. Dieser Punkt sorgt für innere Ruhe bei Nervosität und Ängsten.

Die Talsenke:
Der wohl bekannteste Energiepunkt ist die Talsenke. Gemeint ist damit die weiche Stelle zwischen Daumen und Zeigefinger, kurz bevor sich die Knochen der beiden Finger an der Handwurzel treffen. Drück mit Daumen und Zeigefinger für 10 Sekunden auf die Talsenke und lass dann für einige Sekunden locker. Das wiederholst du für weitere 3 Runden, bis sich schließlich Entspannung einstellt.

Warum hat mir die Übung damals geholfen?

Massagen sind für mich persönlich eines meiner Top-3-Tools zur Entspannung (Top 1 und 2 sind das bewusste und tiefe In-den-Bauch-Atmen und das Journaling). Früher habe ich mir ganz selten Massagen gegönnt und mir lieber andere Sachen gekauft. Heute gebe ich sehr viel Geld für Wellness und Massagen aus, weil es mir einfach nachhaltig so guttut und mich glücklich macht. Das Gute an dieser Übung ist: Du kannst dich selbst massieren und es kostet nichts.

Hat dir die Übung gutgetan? Wie bewertest du sie?

Dein Rating von 1 bis 5 für die Übung (bitte ausmalen):

☆☆☆☆☆

Falls du 4 oder 5 Sterne vergeben hast, notiere dir die Übung gern zu Beginn des Buches in die **TOP-20-Übungen,** damit du später immer wieder auf sie zugreifen kannst.

Deine Notizen

ÜBUNG 16

Gaaanz langsam

Was ist das Ziel der Übung?

Stress und den Druck bewusst rauszunehmen und dir und den Dingen die Zeit zu geben, die sie benötigen.

Wie funktioniert die Übung?

Jeder kennt es doch: Wenn wir uns gestresst und gehetzt fühlen, dann setzen wir uns oftmals so sehr unter Druck, dass wir am Ende völlig unkonzentriert werden und ständig Fehler machen. Die Folge: Alles dauert noch viel länger.

Deshalb probier es doch mal nach dem Motto: »Wenn du es eilig hast, gehe langsam« (Zitat von Lothar Seiwert).

Nimm das Tempo raus und tu die Dinge ganz bewusst langsam. Auch ruhig viel langsamer, als du es normalerweise tun würdest. Denn auch auf diese Weise wirst du dein Ziel erreichen. Vielleicht schneller, vielleicht langsamer – aber ganz sicher entspannter und zufriedener.

Warum hat mir die Übung damals geholfen?

Ich persönlich tendiere dazu, Dinge zu schnell und zu unüberlegt zu tun. Sehr zum Leidwesen meines Mannes, den mein permanentes »schnell, schnell« öfter mal zur Weißglut bringt :-). Heute bemerke ich zumindest immer öfter, dass ich gerade mal wieder ziemlich schnell unterwegs bin und schalte dann einen Gang hinunter. Denn der erste Schritt ist immer, sich des Verhaltens bewusst zu werden, das man ändern möchte. Und du weißt ja: Erst kommt die Einsicht und dann die Besserung.

Hat dir die Übung gutgetan? Wie bewertest du sie?

Dein Rating von 1 bis 5 für die Übung (bitte ausmalen):

☆☆☆☆☆

Falls du 4 oder 5 Sterne vergeben hast, notiere dir die Übung gern zu Beginn des Buches in die **TOP-20-Übungen,** damit du später immer wieder auf sie zugreifen kannst.

Deine Notizen

ÜBUNG 17

Nichts tun

Was ist das Ziel der Übung?

Einmal wirklich eine Auszeit für den Kopf einzulegen und Pause zu machen. Ohne dass irgendetwas getan oder gedacht werden muss. Damit du mal wirklich zur Ruhe kommen kannst.

Wie funktioniert die Übung?

Stell dir einen Timer auf 5 Minuten und vergewissere dich, dass du in dieser Zeit nicht gestört werden kannst. Idealerweise ist um dich herum Stille, denn absolute Stille hilft, das Stresslevel zu senken.

Und dann mach für fünf Minuten einfach mal nichts.

Keine Atemübung, kein Gedanken-Beobachten, kein Klopfen ... mach einfach mal nichts und starre einfach nur Löcher in die Wand (oder noch nicht mal das).

Warum hat mir die Übung damals geholfen?

Was ich damals bei dieser Übung erkannt habe, waren zwei Dinge: 1. Wie erholsam es eigentlich ist, nichts zu tun. Und 2. Welche tollen Einfälle und Ideen ich unmittelbar nach diesem Nichtstun hatte. Dann fiel mir auf: Nichts zu tun ist manchmal tatsächlich das Produktivste, das wir machen können. Denn danach starten wir oft mit doppelter Energie wieder in unseren Alltag.

Hat dir die Übung gutgetan? Wie bewertest du sie?

Dein Rating von 1 bis 5 für die Übung (bitte ausmalen):

☆☆☆☆☆

Falls du 4 oder 5 Sterne vergeben hast, notiere dir die Übung gern zu Beginn des Buches in die **TOP-20-Übungen,** damit du später immer wieder auf sie zugreifen kannst.

Deine Notizen

....

....

....

....

....

....

ÜBUNG 18

Ätherische Öle zur Entspannung

Was ist das Ziel der Übung?

In stressigen Situationen oder am Tagesende zu Entspannung und Ruhe zu finden.

Wie funktioniert die Übung?

Ätherische Öle sind Destillate aus Heilpflanzen, die wohltuende Eigenschaften haben. Lavendel beispielsweise gilt als beruhigend, genauso wie Kamille. Ich persönlich liebe vor allem mein Pfefferminzöl, das mich durch seinen frischen Duft sofort ins Hier und Jetzt holt und gleichzeitig entspannend und beruhigend wirkt.

Wann immer du dich selbst beruhigen möchtest, kannst du ein solches Duftöl benutzen. Dazu träufelst du beispielsweise einen Tropfen auf dein Handgelenk und schnupperst immer wieder daran. Du kannst aber auch einige Tropfen Öl ins Badewasser geben, oder dir abends zur Entspannung eine Duftlampe anmachen.

Warum hat mir die Übung damals geholfen?

Früher habe ich im wahrsten Sinne des Wortes oft eine Pfefferminzöl-Duftfahne hinter mir hergezogen. Auch heute nutze ich es immer noch gern, wenn ich müde bin, wenn mir schwindlig oder schlecht ist. Mir persönlich hat dieses Öl unglaublich geholfen, es ist aber sicher auch immer Geschmackssache, welches Öl uns anspricht. Schnupper dich doch einfach mal durch :-).

Hat dir die Übung gutgetan? Wie bewertest du sie?

Dein Rating von 1 bis 5 für die Übung (bitte ausmalen):

☆☆☆☆☆

Falls du 4 oder 5 Sterne vergeben hast, notiere dir die Übung gern zu Beginn des Buches in die **TOP-20-Übungen,** damit du später immer wieder auf sie zugreifen kannst.

Deine Notizen

ÜBUNG 19

Wut-Kissen

Was ist das Ziel der Übung?

Wut, Verzweiflung und andere starke Gefühle herauszulassen und sich damit Erleichterung verschaffen.

Wie funktioniert die Übung?

Manchmal sind unsere Gefühle so stark, dass wir glauben, gleich platzen zu müssen. In solchen Momenten kann es hilfreich sein, all diese Gefühle einfach mal rauszulassen.

Bist du wütend und könntest vollkommen ausrasten? Dann nimm dir ein Kissen und schrei einfach mal all das hinein, was unbedingt aus dir herausmöchte. Lass deinen Gefühlen freien Lauf. Ja, und auch körperlich kannst du deinen Frust herauslassen und auf das Kissen einschlagen. Du wirst sehen, dass du nach kurzer Zeit von allein ruhiger wirst.

Danach ist es unbedingt Zeit, dass du dir selbst etwas Gutes tust.

Warum hat mir die Übung damals geholfen?

Oftmals stecken Wut, Ärger und Trauer so tief in uns fest, dass wir Probleme damit haben, sie zu fühlen. Durch das Schlagen in ein Kissen können diese Gefühle gelöst werden und niemand kommt dabei zu Schaden. Die Übung ist nicht für jeden etwas, aber ich habe mich danach oft unglaublich befreit gefühlt. Probier sie doch einmal aus und teste, ob du dich nach der Übung eher gelöster oder noch angespannter fühlst.

Hat dir die Übung gutgetan? Wie bewertest du sie?

Dein Rating von 1 bis 5 für die Übung (bitte ausmalen):

☆☆☆☆☆

Falls du 4 oder 5 Sterne vergeben hast, notiere dir die Übung gern zu Beginn des Buches in die **TOP-20-Übungen,** damit du später immer wieder auf sie zugreifen kannst.

Deine Notizen

....

....

....

....

....

....

ÜBUNG 20

Community-Übung: Fixierung

von Vera K.

Was ist das Ziel der Übung?

Anspannung der Augen zu lösen und das Gesicht zu entspannen. Man erkennt neue Sichtwinkel und das bringt allgemeine Entspannung.

Wie funktioniert die Übung?

Setz dich ans offene Fenster, auf den Balkon oder in die Natur.

Such dir einen Punkt in der Ferne (zum Beispiel eine Baumspitze) und einen genau vor dir (zum Beispiel das Balkongeländer).

Nun schau bewusst in die Ferne auf den Punkt und fixiere ihn, aber ohne die Luft anzuhalten. Danach sieh auf den Punkt vor dir.

Atme dabei bewusst und ruhig.

Wiederhole die Übung so oft, bis sich der Punkt zwischen deinen Augen entspannt und du ruhiger wirst.

Warum hat mir die Übung damals geholfen?

Wenn ich viel Stress habe und angespannt bin, fange ich an, unscharf oder Punkte zu sehen. Diese Übung kann man überall und ganz einfach und unauffällig durchführen.

Sie hilft mir dabei, Stress abzubauen und bringt mir viel Sicherheit und Entspannung, weil ich im Anschluss wieder klarer sehen kann.

Hat dir die Übung gutgetan? Wie bewertest du sie?

Dein Rating von 1 bis 5 für die Übung (bitte ausmalen):

☆☆☆☆☆

Falls du 4 oder 5 Sterne vergeben hast, notiere dir die Übung gern zu Beginn des Buches in die **TOP-20-Übungen,** damit du später immer wieder auf sie zugreifen kannst.

Deine Notizen

JOURNALING

ÜBUNG 1

Dankbarkeits-Tagebuch

Was ist das Ziel der Übung?

Sich auf das Positive im Leben zu konzentrieren und dadurch optimistischer und zufriedener zu werden.

Wie funktioniert die Übung?

Ein Dankbarkeits-Tagebuch kann ein gutes Gegengewicht zu deinen Sorgen, deinem Stress und deinen Ärgernissen sein.

Finde dazu einen regelmäßigen Zeitpunkt am Abend, an dem du auf den Tag zurückblickst und bewusst alles Positive sammelst, für das du an diesem Tag dankbar sein kannst.

Frag dich dazu beispielsweise:

- Was war heute schön?
- Worüber habe ich mich heute gefreut?
- Für welche Menschen bin ich heute besonders dankbar?
- Worüber bin ich glücklich, dass es mir erspart geblieben ist?

Warum hat mir die Übung damals geholfen?

Was ich an dieser Übung so schön finde, ist, dass sie einen sofort in eine gute Stimmung versetzt. Denn wie oft stecken wir im Jammern und im Beschweren fest und vergessen all die guten Dinge, die bereits in unserem Leben sind? Mit dieser kleinen Übung rufen wir uns genau diese Dinge regelmäßig in Erinnerung. Auch wenn ich heute mal einen schlechten Tag habe, gehe ich oft in Gedanken alles durch, für das ich dankbar bin in meinem Leben.

Hat dir die Übung gutgetan? Wie bewertest du sie?

Dein Rating von 1 bis 5 für die Übung (bitte ausmalen):

☆☆☆☆☆

Falls du 4 oder 5 Sterne vergeben hast, notiere dir die Übung gern zu Beginn des Buches in die **TOP-20-Übungen,** damit du später immer wieder auf sie zugreifen kannst.

Deine Notizen

....

....

....

....

....

....

ÜBUNG 2

Täglicher Check-in

Was ist das Ziel der Übung?

Diese Übung hilft dir, dich selbst zu ordnen und so mehr Ruhe in den Kopf zu bekommen.

Wie funktioniert die Übung?

Wenn du möchtest, dann starte doch gleich morgen früh mal mit einem Check-in in den Tag:

Bei dieser Journaling-Übung fragst du dich »Wie geht es mir heute?« und lässt dann alle Gefühle und Gedanken einfach aufs Papier fließen. Denk immer auch daran, dass du dich hier nicht zensieren brauchst und sprachlich vollkommen frei bist, schließlich schreibst du all das nur für dich. Denn ganz ehrlich, diese Frage stellen wir uns viel zu wenig.

Lass also einfach alles raus, was dir im Kopf herumschwirrt und was dich bewegt. Das hilft dir, dich selbst zu sortieren, und bringt ganz viel Ruhe in deinen Kopf.

Warum hat mir die Übung damals geholfen?

Wir fragen uns jeden Tag unglaublich viele Dinge, doch nur in den seltensten Fällen fragen wir uns, wie es uns gerade wirklich geht. Würden wir uns das öfter fragen, dann würden wir viel schneller merken, wenn etwas in unserem Leben schiefläuft. Diese Übung hat mir unglaublich dabei geholfen, mehr auf mich selbst und meine Wünsche und Bedürfnisse zu achten.

Hat dir die Übung gutgetan? Wie bewertest du sie?

Dein Rating von 1 bis 5 für die Übung (bitte ausmalen):

☆☆☆☆☆

Falls du 4 oder 5 Sterne vergeben hast, notiere dir die Übung gern zu Beginn des Buches in die **TOP-20-Übungen,** damit du später immer wieder auf sie zugreifen kannst.

Deine Notizen

ÜBUNG 3

Erfolge sammeln

Was ist das Ziel der Übung?

Diese Übung stärkt nicht nur dein Selbstvertrauen, sondern gibt dir auch ganz viel positive Energie und Mut.

Wie funktioniert die Übung?

Erstell dir eine Erfolgsliste. Das kann direkt in deinem Notizbuch sein, oder du gestaltest dir ein schönes Poster, das du dir aufhängen kannst.

Auf diese Erfolgsliste kommen aber nicht nur Bildungsabschlüsse oder irgendwelche beruflichen Meilensteine, die du als Erfolg verbuchst, sondern auch alle deine persönlichen Erfolge. Zum Beispiel:

- Krisen, die du überwunden hast.
- Probleme, die du gelöst hast.
- Dinge, die du erschaffen hast.
- Projekte, die du erledigt hast.
- Momente, in denen du mutig warst und dich überwunden hast.
- Wünsche, die du dir erfüllt hast.
- Situationen, in denen du anderen Menschen geholfen hast.
- Momente, in denen du andere glücklich gemacht hast.
- usw.

Sorge dafür, dass du hier alle großen und kleinen Erfolge notierst, und bringe dich immer wieder mit dieser Liste in Kontakt.

Warum hat mir die Übung damals geholfen?

Während meines Burnouts hat mich ein Glaubenssatz besonders belastet, und zwar der Satz »Ich schaffe das nicht!«. Ich hatte ständig das Gefühl, nicht genug zu schaffen und nicht genug zu leisten. Das Notieren meiner Erfolge hat mir dabei geholfen, alles, was ich bereits geschafft habe, mal deutlich schwarz auf weiß zu sehen und diese Erfolge auch wertzuschätzen.

Hat dir die Übung gutgetan? Wie bewertest du sie?

Dein Rating von 1 bis 5 für die Übung (bitte ausmalen):

☆☆☆☆☆

Falls du 4 oder 5 Sterne vergeben hast, notiere dir die Übung gern zu Beginn des Buches in die **TOP-20-Übungen,** damit du später immer wieder auf sie zugreifen kannst.

Deine Notizen

ÜBUNG 4

Was gibt mir Kraft? Was nimmt mir Kraft?

Was ist das Ziel der Übung?

Deine Energiebringer und deine Energieräuber herauszufinden und so Klarheit darüber zu bekommen, was dir guttut und was nicht.

Wie funktioniert die Übung?

Der einfachste Tipp für ein glückliches Leben lautet: Tu mehr von den Dingen, die dir guttun, und sorge dafür, dass möglichst wenig in deinem Leben ist, das dich runterzieht. Um dir bewusst zu machen, welches die positiven und die negativen Kräfte in deinem Leben sind, erstell dir eine Tabelle mit zwei Spalten.

Die eine Spalte heißt »Was gibt mir Kraft?« und die zweite Spalte trägt die Überschrift »Was nimmt mir Kraft?«. Und dann schau einmal bewusst auf dein Leben und finde heraus, was dich runterzieht und was dich hochzieht.

Frag dich: Was stresst mich gerade? Welche Situation? Welche Menschen? Welche Dinge? Welche Orte? Und welches sind die Momente, Dinge, Menschen, Orte, die mich entspannen? In denen ich mich gut fühle und die mir positive Energie geben?

Hier findest du eine Videoanleitung

Warum hat mir die Übung damals geholfen?

Als ich das erste Mal diese Tabelle gemacht hatte, hatte ich so viele Aha-Erkenntnisse. Vorher habe ich mich nie wirklich gefragt, was mir guttut und was nicht. Nach dieser Übung wurde mir plötzlich klar, warum ich mich nach dem Kontakt mit manchen Menschen besser fühle und bei manchen schlechter. Das wiederum hat mir gezeigt, mit wem ich meine Zeit wirklich verbringen möchte.

Hat dir die Übung gutgetan? Wie bewertest du sie?

Dein Rating von 1 bis 5 für die Übung (bitte ausmalen):

☆☆☆☆☆

Falls du 4 oder 5 Sterne vergeben hast, notiere dir die Übung gern zu Beginn des Buches in die **TOP-20-Übungen,** damit du später immer wieder auf sie zugreifen kannst.

Deine Notizen

....

....

....

....

....

....

ÜBUNG 5

Aus dem Kopf aufs Papier

Was ist das Ziel der Übung?

To-dos zu sortieren und aufs Papier zu bringen, sodass wir danach mehr Klarheit haben. Die Übung hilft auch, die Gedanken, die uns stressen, zu identifizieren und loszulassen.

Wie funktioniert die Übung?

Wenn es stressig wird und immer mehr Anforderungen auf uns einströmen, kann es sehr hilfreich und befreiend sein, einmal alles aufzuschreiben, was uns im Kopf herumschwirrt. Getreu dem Motto: Was ich aufgeschrieben habe, muss ich nicht (mehr) im Kopf haben. Notiere dazu auf einem leeren Blatt Papier folgende Satzanfänge:

Blatt 1: »Das möchte ich heute noch erledigen …«
Blatt 2: »In den nächsten Tagen/Wochen steht Folgendes an …«
Blatt 3: »Ich möchte nicht vergessen, dass …«

Nun stell dir einen Timer auf 10 Minuten, lies dir einen Satzanfang durch, und ergänze ihn mit allem, was dir einfällt. Wenn die Zeit abgelaufen ist, kannst du alle Sätze anschauen und sortieren:

- Notiere dir die konkreten To-dos, die zeitnah erledigt werden müssen, auf einer separaten To-do-Liste.
- Mach eine Liste mit sonstigen Dingen und Langzeitzielen, die du nicht vergessen möchtest.
- Streiche alle Sätze, bei denen du selbst nichts tun kannst bzw. möchtest.

Warum hat mir die Übung damals geholfen?

Ich bin ein großer Fan davon, Dinge aufzuschreiben. Egal, ob es sich um Ängste und Sorgen handelt oder um konkrete To-dos. Denn alles, was wir aufgeschrieben haben, geht sozusagen nicht verloren. Wir müssen deshalb nicht mehr permanent darüber nachdenken. Wir haben es aufgeschrieben, es ist aus dem Kopf heraus zu Papier gebracht und wir fühlen uns oft direkt danach viel befreiter. Zumindest ging es mir so.

Hat dir die Übung gutgetan? Wie bewertest du sie?

Dein Rating von 1 bis 5 für die Übung (bitte ausmalen):

☆☆☆☆☆

Falls du 4 oder 5 Sterne vergeben hast, notiere dir die Übung gern zu Beginn des Buches in die **TOP-20-Übungen,** damit du später immer wieder auf sie zugreifen kannst.

Deine Notizen

ÜBUNG 6

Stress-Tagebuch

Was ist das Ziel der Übung?

Zu erkennen, welches deine persönlichen Stressfaktoren sind, sodass du im nächsten Schritt dafür sorgen kannst, diese Faktoren in deinem Leben zu reduzieren.

Wie funktioniert die Übung?

Führe für mindestens 1–2 Wochen ein Stress-Tagebuch, um herauszufinden, was deine persönlichen Stressfaktoren sind. Notiere dir dazu jeden Abend diejenigen Situationen deines Tages, die du als stressig empfunden hast, und wie sich dieser Stress ausgewirkt hat. Frag dich:

- Wann ist der Stress aufgetreten?
- Was war der Auslöser?
- Welches Level (von 1 bis 10) hat der Stress erreicht?
- Welche Gefühle hat die Situation in mir ausgelöst?
- Welche Gedanken hatte/habe ich dazu?
- Wie habe ich in der jeweiligen Situation reagiert?

Nach ein paar Tagen kannst du Muster oder Auffälligkeiten erkennen, die dir dabei helfen, deinen ganz persönlichen »Stress-Code« zu entschlüsseln. Wenn du dann weißt, welche Dinge Stress in dir auslösen, kannst du Ideen sammeln, wie du diese Stresssituationen zukünftig vermeiden bzw. anders gestalten kannst.

Warum hat mir die Übung damals geholfen?

Ich fand die Übung damals wahnsinnig gut, um in einem ersten Schritt erst einmal herauszufinden, was mich in meinem Alltag so stresst. Ich bin sehr viel vor allem weggelaufen und habe viel verdrängt. Einmal bewusst zu schauen: Was löst eigentlich Stress in mir aus, hat für mich einen großen Unterschied gemacht. Denn meistens ist uns eben gar nicht bewusst, was es gerade genau ist, was uns so ein schlechtes Gefühl macht. Diese Übung hat mir dabei geholfen, das herauszufinden.

Hat dir die Übung gutgetan? Wie bewertest du sie?

Dein Rating von 1 bis 5 für die Übung (bitte ausmalen):

☆☆☆☆☆

Falls du 4 oder 5 Sterne vergeben hast, notiere dir die Übung gern zu Beginn des Buches in die **TOP-20-Übungen,** damit du später immer wieder auf sie zugreifen kannst.

Deine Notizen

.....

.....

.....

.....

.....

.....

ÜBUNG 7

Energiebringer-Liste

Was ist das Ziel der Übung?

Ideen zu sammeln, wie du dir in stressigen Momenten gezielt (positive) Energie geben kannst bzw. wie du ungeliebte To-dos schöner machen kannst.

Wie funktioniert die Übung?

Schreibe dir eine Liste mit allen Dingen, die dir Energie bringen und gute Laune machen.

- Welche Musik macht mich fröhlich und pusht mich?
- An welchen Orten fühle ich mich wohl und kann gut Energie tanken?
- Welche Menschen geben mir Energie und tun mir gut?
- Welche Tätigkeiten machen mir richtig viel Spaß und schenken mir Energie?

Diese Liste kannst du zum einen wunderbar nutzen, um dir in Zeiten, in denen du dich kraftlos und ausgelaugt fühlst, gezielt etwas Positives zu tun. Eine zweite Idee ist, dass du diese Liste immer dann zur Hand nimmst, wenn dir ein To-do wirklich schwer von der Hand geht und du dieses ungeliebte To-do mit einer Sache von deiner Energiebringer-Liste verknüpfst.

Beispiel:
Fenster putzen. → Beim Fensterputzen das Lieblingslied hören.
Steuererklärung machen. → Die Steuererklärung im Garten machen und dabei die Sonne genießen.

Warum hat mir die Übung damals geholfen?

Für viele Dinge musste ich mich damals während meines Burnouts sehr stark aufraffen. Auch heute bin ich jemand, der solche Sachen wie die Steuererklärung und Fensterputzen gern aufschiebt. Diese Übung ist wahnsinnig hilfreich, um Dinge, die eigentlich keinen Spaß machen, mit etwas Spaß zu verbinden. Denn ganz viele Sachen gehen uns dann deutlich leichter von der Hand und können am Ende manchmal sogar Spaß machen.

Hat dir die Übung gutgetan? Wie bewertest du sie?

Dein Rating von 1 bis 5 für die Übung (bitte ausmalen):

☆☆☆☆☆

Falls du 4 oder 5 Sterne vergeben hast, notiere dir die Übung gern zu Beginn des Buches in die **TOP-20-Übungen,** damit du später immer wieder auf sie zugreifen kannst.

Deine Notizen

....

....

....

....

....

....

ÜBUNG 8

Eisenhower-Tabelle

Was ist das Ziel der Übung?

Die Übung hilft dir, Klarheit über deine Prioritäten zu bekommen und so deine To-dos besser zu organisieren.

Wie funktioniert die Übung?

Die Eisenhower-Methode stammt aus dem Zeitmanagement und hilft dir, dich selbst besser zu organisieren:

Zeichne dafür ein großes Quadrat und unterteile es in vier gleich große Felder. Schreibe links neben das Quadrat vor das obere Feld »wichtig« und vor das untere Feld »unwichtig«. Oberhalb des Quadrats schreibst du über das linke Feld »dringend« und über das rechte Feld »nicht dringend«.

Nun füllst du die Felder mit deinen To-dos: Ist es dringend und wichtig? Dann kommt es nach links oben. Diese Dinge erledigst du am besten als Erstes. Ist es dir nicht wichtig, aber es eilt? Dann kommt es in das Feld links unten. Diese Dinge könntest du auch versuchen zu delegieren.

Was wichtig ist, aber nicht dringend, trägst du rechts oben ein. Mach dir dazu am besten einen Termin im Kalender, damit du es nicht vergisst. Und zuletzt gibt es die Dinge, die dir nicht wichtig sind und auch nicht dringend. Diese Dinge trägst du unten rechts ein – und wirfst sie direkt in deinen gedanklichen Papierkorb bzw. gibst sie an andere ab.

Warum hat mir die Übung damals geholfen?

Die Eisenhower-Methode finde ich auch heute noch so wertvoll, um sich selbst zu organisieren. Sie hilft mir immer wieder, wenn ich vor lauter To-dos das Gefühl habe, dass mir alles über den Kopf wächst. Die Methode ist so simpel und genau deshalb finde ich sie so wirkungsvoll. Die einfache Einteilung zwischen »wichtig« und »unwichtig« sowie »dringend« und »nicht dringend« macht nämlich einen riesigen Unterschied.

Hat dir die Übung gutgetan? Wie bewertest du sie?

Dein Rating von 1 bis 5 für die Übung (bitte ausmalen):

☆☆☆☆☆

Falls du 4 oder 5 Sterne vergeben hast, notiere dir die Übung gern zu Beginn des Buches in die **TOP-20-Übungen,** damit du später immer wieder auf sie zugreifen kannst.

Deine Notizen

....

....

....

....

....

....

ÜBUNG 9

Lösungsorientiert denken

Was ist das Ziel der Übung?

Gedanken, die uns belasten und mit denen wir uns stressen, zu überprüfen und neu zu wählen.

Wie funktioniert die Übung?

Mal dir eine Tabelle mit 3 Spalten in dein Notizbuch bzw. auf ein leeres Blatt Papier.

Die erste Spalte lautet: »Welcher Gedanke belastet mich?« Trage hier also ein, welcher Gedanke dich stresst bzw. dir ein ungutes Gefühl macht.

Die zweite Spalte nennst du: »Ist das wirklich wahr?« Schreibe hier rein, wie realistisch dein Gedanke ist. Ist das wahr, was du denkst? Oder wird das realistisch betrachtet gar nicht so eintreten?

Und zuletzt benennst du die dritte Spalte mit: »Welcher Gedanke würde mir mehr helfen?« Trage hier ein, welcher Gedanke dir stattdessen guttun würde und was du anderes denken könntest.

Warum hat mir die Übung damals geholfen?

Diese Übung ist an die Methode »The Work« von Byron Katie angelehnt. Google »The Work« gern mal, mir hat die Methode damals während meines Burnouts unglaublich geholfen. Ich habe sie hier für dich etwas abgewandelt und einfacher dargestellt. Die Übung hat mir vor allem gezeigt, dass meine Gedanken eben meistens nicht der Wahrheit entsprechen und ich sie nicht blind glauben, sondern öfter mal hinterfragen darf.

Hat dir die Übung gutgetan? Wie bewertest du sie?

Dein Rating von 1 bis 5 für die Übung (bitte ausmalen):

☆☆☆☆☆

Falls du 4 oder 5 Sterne vergeben hast, notiere dir die Übung gern zu Beginn des Buches in die **TOP-20-Übungen,** damit du später immer wieder auf sie zugreifen kannst.

Deine Notizen

....

....

....

....

....

....

ÜBUNG 10

Finde den Sinn

Was ist das Ziel der Übung?

Mut und Kraft zu finden, um durch schwierige und anstrengende Zeiten zu kommen. Frieden zu schließen mit dem, was ist/war und dadurch glücklicher werden.

Wie funktioniert die Übung?

Gerade in schwierigen Zeiten kann es helfen, sich gezielt zu fragen, welchen Sinn diese Zeit gerade haben könnte. Auf diese Weise konzentrierst du dich auf die positiven Aspekte und schöpfst ganz viel Kraft und Zuversicht.

Frag dich dazu:

- Welchen Sinn kann ich in meiner persönlichen Geschichte finden?
- Was kann ich daraus lernen?
- Welche Fähigkeiten entwickle ich gerade?
- Inwiefern könnte ich mit meinen Erfahrungen anderen helfen, die in einer ähnlichen Situation sind?
- Was kann sich daraus Positives entwickeln?

Schreibe alles auf, was dir dazu einfällt.

Warum hat mir die Übung damals geholfen?

Ich habe es schon so oft gesagt: Der Burnout 2016 war definitiv meine größte Krise. Aber es war auch meine größte Chance. Denn sehr viel von dem, was ich heute in meinem Leben habe, was ich mir gestaltet und erschaffen habe, hätte ich ohne meinen Burnout nicht. Sehr viele Krisen in unserem Leben haben auch positive Aspekte. Manche sicher weniger als andere. Aber es lohnt sich immer, danach zu suchen.

Hat dir die Übung gutgetan? Wie bewertest du sie?

Dein Rating von 1 bis 5 für die Übung (bitte ausmalen):

☆☆☆☆☆

Falls du 4 oder 5 Sterne vergeben hast, notiere dir die Übung gern zu Beginn des Buches in die **TOP-20-Übungen,** damit du später immer wieder auf sie zugreifen kannst.

Deine Notizen

ÜBUNG 11

Wenn-dann-Pläne schmieden

Was ist das Ziel der Übung?

Diese Übung hilft dir, dich schriftlich auf mögliche Probleme vorzubereiten und so gelassener und innerlich ruhiger zu werden.

Wie funktioniert die Übung?

Kennst du das auch, dass du dir oftmals viele Sorgen darüber machst, was alles passieren könnte und wie du mit möglichen Schwierigkeiten umgehen kannst? In diesem Fall kann es dir helfen, einen Wenn-dann-Plan zu machen. Das ist sozusagen ein Notfallplan, mit dem du Schwierigkeiten durchdenken und schon vorab Lösungen überlegen kannst.

Nimm dir dazu ein Blatt Papier oder dein Journal vor und dann plane nach dem Muster:

Wenn ... *(Auslöser)*, dann ... *(Reaktion)*.

Zum Beispiel:
»Wenn es regnet, dann besorge ich von Markus den Pavillon.«
»Wenn ich es bis Mittwoch nicht schaffe, dann beauftrage ich den Cateringdienst.«
»Wenn ich mich unwohl fühle mit all den Menschen, dann entschuldige ich mich und gehe eine Runde allein spazieren.«

Du wirst sehen: Solch ein Wenn-dann-Plan bringt dir ganz viel Gelassenheit und innere Ruhe.

Warum hat mir die Übung damals geholfen?

Diese Übung ist so wunderbar lösungsorientiert. Wir hören auf, uns gedanklich ständig nur um das Problem zu drehen, sondern suchen aktiv nach einer Lösung. Damit kommen wir aus der Opferrolle heraus, wir entdecken unsere Kraft und sehen, dass es für ziemlich viele Probleme in unserem Leben eine Lösung gibt. Heute habe ich diese Übung so sehr verinnerlicht, dass ich eigentlich immer sofort automatisch nach einer Lösung suche, statt mich in ein Katastrophenszenario hineinzusteigern.

Hat dir die Übung gutgetan? Wie bewertest du sie?

Dein Rating von 1 bis 5 für die Übung (bitte ausmalen):

☆☆☆☆☆

Falls du 4 oder 5 Sterne vergeben hast, notiere dir die Übung gern zu Beginn des Buches in die **TOP-20-Übungen,** damit du später immer wieder auf sie zugreifen kannst.

Deine Notizen

ÜBUNG 12

Stärkende Mottos und Zitate

Was ist das Ziel der Übung?

Dir selbst Kraft und Energie zuzusprechen, indem du stärkende Worte, Sprüche oder Zitate verinnerlichst.

Wie funktioniert die Übung?

Mach dir eine Sammlung von Sprüchen oder Zitaten, deren Message du gern für dich verinnerlichen möchtest. Schreib sie dir auf, lies sie dir immer wieder durch und versuch, danach zu leben.

Hier findest du ein paar Ideen für Zitate und Sprüche, die dir helfen können, gelassener und entspannter zu werden:

- »Das Gras wächst nicht schneller, wenn man daran zieht.« – Sprichwort
- »Wenn du es eilig hast, gehe langsam.« – Lothar Seiwert
- »Nichts bringt uns auf unserem Weg besser voran als eine Pause.« – Elizabeth Barrett Browning
- »Mehr als die Vergangenheit interessiert mich die Zukunft, denn in ihr gedenke ich zu leben.« – Albert Einstein
- »Am Ende wird alles gut. Und wenn es noch nicht gut ist, ist es noch nicht zu Ende.« – Oscar Wilde
- »Die Fähigkeit, das Wort Nein auszusprechen, ist der erste Schritt zur Freiheit.« – Nicolas Chamfort

Warum hat mir die Übung damals geholfen?

Wenn du mein erstes Buch »Entspannt statt ausgebrannt« bereits gelesen hast, oder schon einmal in meinem Online Glücks Shop eingekauft hast, weißt du es vermutlich bereits: Ich stehe total auf Zitate und Lebensweisheiten. Ich kann mir solche Sätze supergut merken und viele berühren mich einfach sehr. Eine Liste mit solchen motivierenden Zitaten zu haben ist eine wundervolle Idee, um sich an bestimmte Dinge immer wieder zu erinnern.

Hat dir die Übung gutgetan? Wie bewertest du sie?

Dein Rating von 1 bis 5 für die Übung (bitte ausmalen):

☆☆☆☆☆

Falls du 4 oder 5 Sterne vergeben hast, notiere dir die Übung gern zu Beginn des Buches in die **TOP-20-Übungen,** damit du später immer wieder auf sie zugreifen kannst.

Deine Notizen

....

....

....

....

....

....

ÜBUNG 13

Glaubenssätze identifizieren (Teil 1)

Was ist das Ziel der Übung?

Diese Übung hilft dir herauszufinden, welche gewohnheitsmäßigen Gedanken dich und dein Handeln lenken und dir so Druck und Stress machen.

Wie funktioniert die Übung?

Glaubenssätze sind Gedanken, die du schon von klein auf verinnerlicht hast. Diese sagen uns, wie wir uns verhalten sollten oder was wir nicht machen dürfen. Typischerweise starten sie mit »Ich darf nicht …«, »Ich sollte (nicht/besser) …«, »Ich muss …«. Oftmals sind es aber auch Sprichwörter oder allgemeine Ansichten, wie »Ohne Fleiß kein Preis« oder »Was man angefangen hat, muss man auch zu Ende bringen«.

Um deine Glaubenssätze herauszufinden, hilft es, wenn du dir die folgenden Fragen stellst und die Antworten notierst:

- Was denke ich fast automatisch, wenn ich vor einer Herausforderung stehe?
- Welche typischen Sätze flüstert mir mein innerer Kritiker zu?
- Was glaube ich, wenn ich mich mal wieder nicht traue, Nein zu sagen?
- Welche typischen Gedanken bringen mich dazu, über meine Grenzen zu gehen?

Wenn du diese Glaubenssätze identifiziert hast, ist das ein erster wichtiger Schritt, um mehr Verständnis für dich selbst und dein Handeln zu bekommen.

Warum hat mir die Übung damals geholfen?

Vor und während meines Burnouts habe ich mir sehr, sehr viel Negatives eingeredet. Ich habe so gut wie jeden Quatsch geglaubt, der mir damals durch den Kopf gegangen ist. Mal genauer hinzusehen, was ich eigentlich den ganzen Tag so denke und wie negativ das ist, hat mir sehr geholfen zu erkennen, dass ich etwas ändern möchte. Die Übung ist deshalb so toll, weil wirklich vieles in unserem Leben von diesen negativen Glaubenssätzen bestimmt wird. Sie aufzulösen hat für mich ganz viel verändert.

Hat dir die Übung gutgetan? Wie bewertest du sie?

Dein Rating von 1 bis 5 für die Übung (bitte ausmalen):

☆☆☆☆☆

Falls du 4 oder 5 Sterne vergeben hast, notiere dir die Übung gern zu Beginn des Buches in die **TOP-20-Übungen,** damit du später immer wieder auf sie zugreifen kannst.

Deine Notizen

ÜBUNG 14

Glaubenssätze entkräften (Teil 2)

Was ist das Ziel der Übung?

Bewusst zu entscheiden, welche Glaubenssätze dich lenken dürfen und welche du gern loslassen möchtest, weil sie dir nicht guttun.

Wie funktioniert die Übung?

Nimm dir die Auflistung deiner Glaubenssätze vor und markiere diejenigen, die du loslassen möchtest. Das sind diejenigen Gedanken, die dir nicht guttun und dir immer wieder ein schlechtes Gefühl machen.

Nun schreibe zu jedem dieser Glaubenssätze einen neuen, positiven Gedanken auf, mit dem du den alten Glaubenssatz »überschreiben« möchtest.

Zum Beispiel:

»Ich muss es allen recht machen.« → »Meine Bedürfnisse sind genauso wichtig, wie die der anderen.«
»Wenn ich nichts leiste, bin ich nichts wert.« → »Ich bin ein liebenswerter Mensch, so, wie ich bin.«
»Erst die Arbeit, dann das Vergnügen.« → »Ich darf es mir zu jeder Zeit gut gehen lassen.«

Warum hat mir die Übung damals geholfen?

Wir können unsere Gedanken nicht kontrollieren. Wenn wir einen bestimmten Gedanken nicht haben wollen, drängt er sich uns umso mehr auf. Was wir aber machen können, ist, einen zusätzlichen Gedanken zu wählen, mit dem wir uns besser fühlen als mit dem ersten. Und den ersten Gedanken, auch wenn er sehr hartnäckig ist, einfach nicht mehr zu glauben.

Hat dir die Übung gutgetan? Wie bewertest du sie?

Dein Rating von 1 bis 5 für die Übung (bitte ausmalen):

☆☆☆☆☆

Falls du 4 oder 5 Sterne vergeben hast, notiere dir die Übung gern zu Beginn des Buches in die **TOP-20-Übungen,** damit du später immer wieder auf sie zugreifen kannst.

Deine Notizen

....

....

....

....

....

....

ÜBUNG 15

Ein Brief an dich selbst

Was ist das Ziel der Übung?

Das Ziel dieser Übung ist, dass du dir einen Brief schreibst, der dich in schwierigen Situationen tröstet und dir Kraft gibt, wenn du sie brauchst.

Wie funktioniert die Übung?

Diese Übung ist eigentlich ganz einfach: Schreibe einen Brief an dich selbst. Das machst du idealerweise in einem Moment, in dem du dich gut und stark fühlst. Schreibe aus dieser Perspektive heraus einen Brief, den du dir in Zukunft durchlesen kannst, wenn es dir mal nicht so gut geht.

Woran möchtest du dich selbst erinnern? Welchen Rat möchtest du dir geben? Mit welchen Worten kannst du dich selbst trösten und dir Kraft zusprechen?

Fühl dich ganz frei in deiner Ausdrucksweise – der Brief ist schließlich nur für dich selbst bestimmt. Bedenk aber, dass du ihn dir durchlesen wirst, wenn es dir nicht gut geht und du entsprechend liebevolle und aufbauende Worte brauchst.

Warum hat mir die Übung damals geholfen?

Schreibe dich für diese Übung gern mit deinem Vornamen an. Ich habe mir während meines Burnouts seitenweise Briefe geschrieben und mir selbst gut zugeredet. Anfangs habe ich mir noch nicht so recht geglaubt, aber es wurde Schritt für Schritt immer besser und irgendwann ist es mir immer leichtergefallen, mir selbst Mut zu machen.

Hat dir die Übung gutgetan? Wie bewertest du sie?

Dein Rating von 1 bis 5 für die Übung (bitte ausmalen):

☆☆☆☆☆

Falls du 4 oder 5 Sterne vergeben hast, notiere dir die Übung gern zu Beginn des Buches in die **TOP-20-Übungen,** damit du später immer wieder auf sie zugreifen kannst.

Deine Notizen

....

....

....

....

....

....

ÜBUNG 16

Vom Pessimisten zum Realisten

Was ist das Ziel der Übung?

Diese Übung hilft dir, Angstgedanken und Befürchtungen zu entkräften und so ein bisschen mehr innere Ruhe zu gewinnen.

Wie funktioniert die Übung?

Passiert es dir auch oft, dass du anfängst zu katastrophieren? Dass du dich in negativen Gedanken verhedderst und in deinem Kopf totale Horrorszenarien entwickelst? Das Schlimme ist: Mit diesen pessimistischen Gedanken machen wir uns nur noch viel mehr Angst und Stress. Deshalb probier doch mal folgende Journaling-Übung aus:

Schreib als Erstes deine ganzen Befürchtungen auf. Das schlimmste Szenario, das du gerade in deinem Kopf hast: Was ist das? Schreib alles das auf, was dir dazu gerade im Kopf umherschwirrt.

Nun fragst du dich, wie der allerbeste Fall aussehen könnte: Was wäre das tollste Szenario, der absolute Traum? Schreib hier, wie sich die Situation entwickelt, wenn sich alle deine Wünsche und Hoffnungen erfüllen.

Und nun suchst du die Mitte zwischen beiden Extremen. Denn das ist in der Regel das, was realistisch ist: Was wird sehr wahrscheinlich eintreten und was nicht? Schreib hier auf, was realistischerweise passieren wird und wie es dir damit ergehen wird.

So kannst du es schaffen, die pessimistische Sichtweise abzulegen und eine realistische Einschätzung zu bekommen.

Warum hat mir die Übung damals geholfen?

So gehe ich heute eigentlich immer vor, wenn ich vor einer Herausforderung stehe: Ich frage mich, was im wahrscheinlichsten Fall passieren könnte. Denn natürlich bekomme ich Angst, wenn ich mir den schlimmsten Fall vorstelle und davon ausgehe, dass er eintritt. Wieso sollte ich das aber machen? Erstens tritt es zu 99,9 Prozent nicht ein, und zweitens mache ich mir damit auch noch den jetzigen Moment zur Hölle, in dem ja noch gar nichts passiert ist.

Hat dir die Übung gutgetan? Wie bewertest du sie?

Dein Rating von 1 bis 5 für die Übung (bitte ausmalen):

☆☆☆☆☆

Falls du 4 oder 5 Sterne vergeben hast, notiere dir die Übung gern zu Beginn des Buches in die **TOP-20-Übungen,** damit du später immer wieder auf sie zugreifen kannst.

Deine Notizen

....

....

....

....

....

....

ÜBUNG 17

Habit Tracker

Was ist das Ziel der Übung?

Diese Journaling-Methode hilft dir, neue positive Gewohnheiten einzuüben und so deine Ziele zu erreichen.

Wie funktioniert die Übung?

Wenn wir etwas in unserem Leben verändern möchten, dann ist es sinnvoll, wenn wir kleine Gewohnheiten (englisch: habits) einrichten, die uns an unser Ziel bringen. Wenn ich also beispielsweise jeden Tag 15 Minuten Sport mache, um abzunehmen. Oder wenn ich gelassener werden möchte und mir dafür jeden Tag 3 unterstützende Affirmationen aufsage. Ein Habit Tracker ist eine Journaling-Methode, mit der wir unsere Gewohnheit tracken (deutsch: verfolgen). Das hilft uns, uns täglich daran zu erinnern, und motiviert uns gleichzeitig dranzubleiben.

Und so gehts: Überlege dir ein Ziel, das du erreichen möchtest. Beispielsweise: »Ich möchte mehr Entspannung in mein Leben bringen.« Überlege dir dann eine kleine Gewohnheit, die du ab sofort täglich umsetzen möchtest. »Klein« heißt: Es sollte nicht länger als 15 Minuten dauern, diese Gewohnheit umzusetzen.

Trag dir diese Gewohnheit in dein Journal ein und male 30 leere Kreise daneben. Jeder dieser Kreise steht für einen Tag, denn es dauert mindestens 30 Tage, bis man eine neue Gewohnheit verinnerlicht hat. An jedem Tag, an dem du deine Gewohnheit ausgeführt hast, malst du einen glücklichen Smiley in den leeren Kreis. Die Tages-Kreise, an denen du deine Gewohnheit nicht umgesetzt hast, bleiben leer.

Warum hat mir die Übung damals geholfen?

Wie schaffen wir es, etwas in unserem Leben zu verändern? Die Antwort ist einfach: durch Wiederholung. Und wie funktioniert das konkret? Indem wir neue Gewohnheiten und Routinen in unseren Alltag einbauen. Und genau dabei hilft dir diese Übung ganz wunderbar. Mir hat es damals sogar Spaß gemacht, meine Smileys zu malen und damit meinen Fortschritt schwarz auf weiß zu tracken.

Hat dir die Übung gutgetan? Wie bewertest du sie?

Dein Rating von 1 bis 5 für die Übung (bitte ausmalen):

☆☆☆☆☆

Falls du 4 oder 5 Sterne vergeben hast, notiere dir die Übung gern zu Beginn des Buches in die **TOP-20-Übungen,** damit du später immer wieder auf sie zugreifen kannst.

Deine Notizen

....

....

....

....

....

....

ÜBUNG 18

Mehr von dem, was wichtig ist

Was ist das Ziel der Übung?

Herauszufinden, was dir wichtig ist, und dein Leben danach auszurichten.

Wie funktioniert die Übung?

Wenn du ein glückliches Leben haben möchtest, dann ist es superwichtig, dass du im Einklang mit deinen Werten lebst und möglichst viel Zeit mit den Dingen verbringst, die dir wirklich wichtig sind.

Notiere dir auf einem Blatt Papier oder in deinem Journal die 5 Dinge, die dir am wichtigsten in deinem Leben sind. Frag dich dazu:

- Ohne was möchte ich nicht leben?
- Wofür würde ich jederzeit auf die Straße gehen und kämpfen?
- Was brauche ich nahezu täglich, um glücklich zu sein?

Das können Werte sein wie Familie, Gerechtigkeit, Spaß, Liebe usw. Du kannst aber auch ganz spezielle Menschen, Tiere, Dinge, Orte oder Tätigkeiten notieren.

Und nun überlege dir zu jedem dieser Dinge: Wie viel Raum kriegt diese wichtige Sache in meinem Leben? Was könnte ich tun, um noch ein bisschen mehr im Einklang mit diesem Wert zu leben? Wie könnte ich mehr Zeit für diese Sache oder diesen Menschen aufbringen?

Warum hat mir die Übung damals geholfen?

Ein glückliches Leben ist ein Leben, das sich an unseren Werten, Bedürfnissen und Zielen orientiert. Dafür müssen wir diese Dinge jedoch erst einmal kennen und sie uns bewusst machen. Genau dabei hilft diese tolle Übung: herauszufinden, was dir wirklich wichtig ist in deinem Leben. Und diesen Dingen mehr Beachtung zu schenken.

Hat dir die Übung gutgetan? Wie bewertest du sie?

Dein Rating von 1 bis 5 für die Übung (bitte ausmalen):

☆☆☆☆☆

Falls du 4 oder 5 Sterne vergeben hast, notiere dir die Übung gern zu Beginn des Buches in die **TOP-20-Übungen,** damit du später immer wieder auf sie zugreifen kannst.

Deine Notizen

....

....

....

....

....

....

ÜBUNG 19

Scripting

Was ist das Ziel der Übung?

Diese Journaling-Übung hilft dir, deine Wunsch-Zukunft zu manifestieren.

Wie funktioniert die Übung?

Beim Scripting schreibst du sozusagen ein Drehbuch zu deiner eigenen Geschichte und malst dir ganz detailliert deine Wunsch-Zukunft aus. Da du dich ganz intensiv schriftlich und gedanklich mit dieser Wunsch-Zukunft verbindest, erhöhst du unterbewusst auch die Wahrscheinlichkeit, dass alles so eintritt, wie du es vorab beschrieben hast.

Probier es doch einfach mal aus und notiere (idealerweise gleich morgens), wie du dir deinen idealen Tag wünschst. Beschreibe dazu einen Tag, der perfekt ist. In dem du bist, wie du sein willst. In dem du die Dinge tust, die dir wichtig sind. Ein Tag, an dem du gut für dich sorgst und all das passiert, was du dir von diesem Tag erhoffst. Was macht diesen Tag zu einem schönen und erfolgreichen Tag? Geh dabei möglichst tief ins Detail und beschreibe, was du getan und gedacht hast, um diesen Tag so wunderbar zu machen.

Warum hat mir die Übung damals geholfen?

Sich etwas ganz intensiv vorzustellen und daran zu glauben ist ungeheuer machtvoll. Denn es macht nicht nur Spaß, sich etwas Schönes vorzustellen, es macht auch etwas mit unserem Körper und Geist. Studien belegen sogar, dass sich selbst große Muskeln des Körpers kräftigen lassen, indem man bloß an körperliche Übungen denkt. Du siehst also: Unsere Vorstellungskraft ist ungeheuer mächtig und du kannst sie positiv nutzen.

Hat dir die Übung gutgetan? Wie bewertest du sie?

Dein Rating von 1 bis 5 für die Übung (bitte ausmalen):

☆☆☆☆☆

Falls du 4 oder 5 Sterne vergeben hast, notiere dir die Übung gern zu Beginn des Buches in die **TOP-20-Übungen,** damit du später immer wieder auf sie zugreifen kannst.

Deine Notizen

....

....

....

....

....

....

ÜBUNG 20

Community-Übung: Morgenseiten

von Christine S.

Was ist das Ziel der Übung?

Die Gedanken werden für den Moment vom Dauerrauschen aus To-do-Listen, Nachrichten, Sorgen usw. befreit und man gewinnt leichter Zugang zu seiner Kreativität. Der innere Kritiker wird ausgeschaltet, weil es beim Schreiben um keinerlei Bewertung oder Vergleich geht.

Wie funktioniert die Übung?

Schreib morgens gleich nach dem Aufwachen drei Seiten von Hand auf einen Block. Es ist vollkommen egal, was du dabei schreibst. Die Worte sollten jedoch stets ausgeschrieben und auch nicht in Listenform verfasst werden. Es geht bei der Übung darum, komplett alle Gedanken, die gerade da sind, aufs Papier fließen zu lassen.

Die Morgenseiten schreibt man stetig, also jeden Morgen. Dabei kann es sein, dass sich Themen wiederholen oder einige Gedanken mehr Raum für sich beanspruchen. Gelesen werden die Seiten danach nicht mehr. Die Erfinderin der Methode, Julia Cameron, schreibt über die Morgenseiten: »Es ist sehr schwierig, sich Morgen für Morgen und Monat für Monat über eine bestimmte Situation zu beschweren, ohne dass der Wunsch entsteht, konstruktiv handelnd etwas dagegen zu tun.«

Warum hat mir die Übung damals geholfen?

Das Schreiben am frühen Morgen hat für mich etwas sehr Befreiendes. Es ist, als ob die Worte, die aufs Papier gelangen, meinen Kopf am Morgen leichter und freier machen. In einer Phase, in der ich mit verschiedenen Projekten so überlastet war, dass ich das Gefühl hatte, in meinem Kopf summt es den ganzen Tag nur noch, habe ich die Morgenseiten kennen- und lieben gelernt und konnte mich wieder fokussieren.

Hat dir die Übung gutgetan? Wie bewertest du sie?

Dein Rating von 1 bis 5 für die Übung (bitte ausmalen):

☆☆☆☆☆

Falls du 4 oder 5 Sterne vergeben hast, notiere dir die Übung gern zu Beginn des Buches in die **TOP-20-Übungen,** damit du später immer wieder auf sie zugreifen kannst.

Deine Notizen

Schlussbemerkung

Nun hast du zahlreiche Übungen an die Hand bekommen, mit denen du etwas mehr Entspannung, Vertrauen und Gelassenheit in dein Leben bringen kannst. Wenn du daraus nur zwei oder drei mitnehmen kannst, die dir helfen, dich selbst und dein Leben zu ent-schleunigen und zu ent-stressen, hat sich das Buch bereits gelohnt. Aber natürlich hoffe ich, dass es deutlich mehr sind :-).

Ich hoffe, ich konnte dich mit diesem Übungsbuch dazu inspirieren, dir regelmäßig etwas (mehr) Zeit für dich selbst zu nehmen, dich zurückzuziehen und eine dieser kleinen Übungen, Gedanken und Methoden einmal auszuprobieren.

Ich freue mich sehr, wenn du mich auf Instagram unter @happydings besuchst und mir deine Erfahrungen mit dem Buch und den Übungen schreibst.

Wenn du Interesse an meinen weiteren Angeboten, wie dem Happy Club, meinen Workshops oder meinen Online-Kursen hast, sieh dich gern einmal unter www.happydings.net um.

Wenn du eher der Audio-Typ bist: Mein Podcast heißt »Einmal Burnout und zurück!« und du findest ihn überall, wo es Podcasts gibt.

Von Herzen ein großes Danke, dass ich dich mit meinem Buch ein Stückchen auf deinem Weg zu mehr Entspannung und Leichtigkeit begleiten darf. Das bedeutet mir unglaublich viel.

Deine Christina